预应力混凝土桥梁孔道压浆密实度检测技术

乔文庭 吴佳晔 张俊光 等 编著

人民交通出版社股份有限公司

北京

内 容 提 要

本书共7章。第1章围绕桥梁施工、孔道压浆工艺、孔道压浆病害以及检测意义和目前检测技术现状进行介绍；第2章结合工程实例，对不同检测方法的原理、技术特点做了详细的阐述；第3章主要论述冲击回波法检测的理论基础及其孔道压浆检测方面的测试性能；第4章和第5章分别基于冲击回波法原理的定性检测和定位检测方法，从检测原理和适用范围、检测流程和影响因素、结果分析和质量评定等方面进行了全方位的论述，并对模型和工程验证情况进行了介绍；第6章以试验模型和工程验证情况为依托，就孔道压浆检测结果的验证和评价进行了说明，并对已颁布实施的预应力孔道压浆密实度的无损检测规程进行了分析和解读；第7章介绍了人工智能在孔道压浆密实性检测技术的应用情况和前景。

本书可作为科研人员、试验检测人员和相关技术人员的参考书，也可作为高等院校土木工程等专业教材。

图书在版编目(CIP)数据

预应力混凝土桥梁孔道压浆密实度检测技术 / 乔文庭等编著. — 北京：人民交通出版社股份有限公司，2022.9

ISBN 978-7-114-18179-5

Ⅰ.①预⋯ Ⅱ.①乔⋯ Ⅲ.①预应力混凝土桥—工程施工—压浆法 Ⅳ.①U448.355

中国版本图书馆 CIP 数据核字(2022)第 157623 号

书　　名：	预应力混凝土桥梁孔道压浆密实度检测技术
著 作 者：	乔文庭　吴佳晔　张俊光　等
责任编辑：	潘艳霞　王景景
责任校对：	赵媛媛　魏佳宁
责任印制：	张　凯
出版发行：	人民交通出版社股份有限公司
地　　址：	(100011)北京市朝阳区安定门外外馆斜街3号
网　　址：	http://www.ccpcl.com.cn
销售电话：	(010)59757973
总 经 销：	人民交通出版社股份有限公司发行部
经　　销：	各地新华书店
印　　刷：	北京市密东印刷有限公司
开　　本：	787×1092　1/16
印　　张：	9.25
字　　数：	231千
版　　次：	2022年9月　第1版
印　　次：	2023年3月　第2次印刷
书　　号：	ISBN 978-7-114-18179-5
定　　价：	58.00元

(有印刷、装订质量问题的图书，由本公司负责调换)

前　言

预应力混凝土结构是桥梁建设中的重要结构,据不完全统计,我国在建或在役的预应力混凝土桥梁在桥梁总数的占比超过80%。根据统计,在预应力混凝土桥梁建设中,大多采用后张法预应力施工,为了保证施工质量,需对张拉后的预应力孔道进行压浆,压浆质量直接影响预应力结构的耐久性及使用寿命。目前,国内外已经发生多起因压浆密实性问题出现预应力筋失效,从而引发桥梁垮塌的事故。根据交通部(现交通运输部)、东南大学交通学院等的统计调查,服役多年的预应力混凝土桥梁预应力孔道在拆除时存在比较严重的泌水、锈蚀、空洞等压浆病害。

预应力孔道压浆密实度的重要性,早在1991年的《公路桥梁养护管理工作制度》(交通部工程管理司)中就已明确规定,在特殊检查项目中,要求对预应力钢筋现状及灌浆管道状况、空隙情况进行调查。全国多个省(区、市)的质检机构,也明确要求对预应力混凝土桥梁后张法预应力孔道的压浆密实度进行检测,2013年以来,浙江省、甘肃省、陕西省、四川省、重庆市等多地均开展了预应力施工质量专项检查工作。

目前,预应力孔道压浆质量是预应力桥梁工程的重要问题,也是预应力混凝土结构检测的难点。预应力孔道结构存在多种声阻抗材料组合结构中,在信号传递过程中出现多次衰减及反射,难以识别注浆缺陷孔道。自20世纪90年代以来,国外十分重视预应力孔道压浆质量检测技术的研究,并取得了一定进展,主要有冲击回波法、探地雷达法、超声波法、X射线法、内窥镜法等,但在检测成本、检测便捷性、检测精度等方面难以满足预应力结构的检测需要。随着检测技术发展,冲击回波法作为一种无损检测方法,已被广泛用于桥梁工程中预应力孔道压浆质量的检测领域。随着江苏、山西、河北、内蒙古等多地标准规程及中国公路学会、中国工程建设标准化协会等团体标准的颁布实施,冲击回波法在全国范围内得到了广泛推广应用。随着人工智能技术成功应用于预应力孔道压浆密实度检测领域,智能化的孔道压浆质量检测成为发展趋势。

本书研究总结了桥梁隐蔽工程质量检测技术,依托内蒙古自治区交通运输科技项目"预应力混凝土梁孔道压浆质量检测体系与评价指标研究"(项目编号:NJ-2014-17)研究成果编写而成。本书在分析不同检测技术现状的基础上,从检测原理、适用范围、现场检测方法和质量评定等方面,详细论述了预应力混凝土桥梁孔道压浆密实度检测技术,为相关工程质量检测工作的开展提供参考。

本书作者来自工程检测和试验检测管理一线,紧密贴合工程实际需求,结合具体应用领域,着重对不同检测方法的应用案例进行了详细阐述,具有较强的实用性及可操作性,可作为高等院校土木工程等专业教材,也可作为科研人员、试验检测人员和有关技术人员的专业技术参考书。

本书共7章,其中第1章、第2章、第3章由华容如、刘秀娟、吴佳晔、乔文庭、张俊光编写,第 4 章、第 5 章由乔文庭、吴佳晔、张远军、黄伯太共同编写,第 6 章、第 7 章由乔文庭、张远军、黄伯太、张俊光编写,全文由吴佳晔审定,由华容如进行统稿。参与本书编写的还有:王振华、朱广河、朱玉琴、高源、刘磊、李帅、马鸣谷、刘剑、张治强、张磊、哈图、常智慧、王建军、赵晓娟。

  本书的编写参阅了大量专业资料,在此对作者一并感谢。由于技术发展迅速,加之作者水平有限,书中错漏之处在所难免,恳请读者多提宝贵意见并批评指正。

著　者

2022 年 3 月

目 录

第1章 概述 ... 1
- 1.1 预应力混凝土桥梁施工方法 ... 1
- 1.2 后张法预应力孔道压浆施工技术 ... 2
- 1.3 孔道压浆密实度检测意义 ... 3
- 1.4 孔道压浆密实度检测技术 ... 8

第2章 现有检测方法 ... 11
- 2.1 概述 ... 11
- 2.2 探地雷达法 ... 11
- 2.3 射线法 ... 14
- 2.4 超声波法 ... 15
- 2.5 冲击回波法 ... 18
- 2.6 超声波法和冲击回波法的比较 ... 22

第3章 冲击回波法 ... 24
- 3.1 冲击回波法的发展历程 ... 24
- 3.2 冲击回波法的理论基础 ... 24
- 3.3 冲击回波法的测试 ... 32
- 3.4 冲击回波法的检测能力 ... 33
- 3.5 冲击回波法检测时的注意事项 ... 34

第4章 压浆密实度定性检测 ... 36
- 4.1 检测方法 ... 36
- 4.2 压浆质量评定 ... 39
- 4.3 适用范围 ... 40
- 4.4 影响因素 ... 41
- 4.5 工程验证 ... 42

第5章 压浆密实度定位检测 ... 49
- 5.1 检测方法 ... 49
- 5.2 压浆质量评定 ... 51
- 5.3 适用范围 ... 56
- 5.4 影响因素 ... 57
- 5.5 测试方法最优化 ... 59
- 5.6 解析及判定的标准化 ... 60
- 5.7 工程验证 ... 60

第6章 验证、评价与规程解读··74
6.1 模型试验验证··74
6.2 预制梁现场验证··78
6.3 新建现浇梁现场验证··82
6.4 装配式混凝土结构检测···94
6.5 验证方法及注意事项··102
6.6 压浆质量评价··106
6.7 行业检测规程的解读与探讨··111

第7章 人工智能在压浆检测中的应用··125
7.1 人工智能概述··125
7.2 人工智能的基本理论及相关技术··125
7.3 人工智能在压浆检测中的应用··131

参考文献··139

第1章 概 述

1.1 预应力混凝土桥梁施工方法

为避免钢筋混凝土结构裂缝过早出现，并充分利用高强度钢筋及高强度混凝土，在结构或构件承受荷载作用前，因预先对受拉区的混凝土施加压力而形成的混凝土就是预应力混凝土。根据预加应力值的大小对构件截面裂缝控制的不同程度，分为全预应力混凝土和部分预应力混凝土。预应力混凝土结构是我国目前桥梁建设中普遍采用的结构，与传统钢筋混凝土结构相比，充分发挥了高强材料的特性，具有抗裂能力强、抗渗性能好、刚度大、强度高、抗剪能力和抗疲劳性好的特点，具有节约钢材、降低造价、缩短工期、减少养护成本等优势。

我国预应力混凝土桥梁研究始于20世纪50年代，当时主要采用满堂支架施工，仅用于小跨径简支梁桥。20世纪60年代，预应力混凝土桥梁采用悬臂施工法，悬臂结构体系结合悬臂施工方法产生了T形刚构，如广西柳州大桥。预应力混凝土桥梁（图1-1）在20世纪70年代应用于城市桥梁工程后，发展极为迅速，已成为我国预应力混凝土大跨径桥梁的主要桥型，且目前已形成先进的施工方法。常用的施工技术主要包括悬臂施工法、移动模架施工法、顶推施工法、预制和装配相结合施工法。预应力的张拉方式包括先张法和后张法。先张法即先张拉钢筋，后浇筑混凝土，等混凝土养护期过后放开两端的张拉设施形成结构内的预应力。先张法施工简单，无须使用特制锚具，适用于中小型混凝土桥梁。后张法即先浇筑混凝土后张拉，浇筑混凝土前预留孔道，待混凝土达到强度后，在孔道内穿入钢绞线，并对钢绞线进行张拉，张拉完成后进行压浆处理，以防止预应力钢筋锈蚀。后张法施工方便，但在实际施工过程中由于压浆不密实导致的预应力钢筋锈蚀现象较为普遍，在一定程度上影响了桥梁的使用寿命和安全性。

图1-1 预应力混凝土桥梁

1.2 后张法预应力孔道压浆施工技术

近年来,大跨径预应力混凝土桥梁的设计与施工成为主流。后张法预应力混凝土施工技术以其能够使用高强材料,促使结构轻型化,跨越能力大,可有效避免混凝土钢筋开裂以及便于采用曲线配筋等优点在工程中得到了广泛应用。在后张法预应力施工中,预应力钢绞线在高应力下对腐蚀极为敏感,一旦锈蚀,会造成严重危害。由于在空气、水中含有较高的侵蚀介质,为防止预应力钢绞线锈蚀,保证压浆质量极为重要。目前孔道压浆有真空压浆和普通压浆两种方式。

1.2.1 真空压浆工艺

真空压浆是在传统压浆基础上将孔道系统封闭,一端用真空机将孔道内80%以上的空气抽出,并保证孔道真空度在80%左右(真空压力表 -0.08 MPa),同时压浆端压入水胶比为 $0.3 \sim 0.35$ 的水泥浆。待水泥浆从抽真空端流出且稠度与压浆端基本相同,再经过特定的位置排浆(排水及微沫浆),采取保压措施,保证孔道内水泥浆体饱满。真空压浆原理示意如图1-2所示。

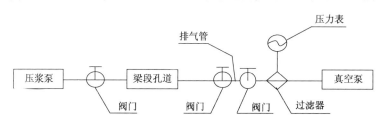

图1-2 真空压浆原理示意

(1)工艺特点

①能保证孔道压浆的均匀性,形成一个密实、不透水的保护层,消除孔隙,有效提高预应力筋的防腐蚀性能,从而提高结构的安全性和耐久性。

②可以消除普通压浆法引起的气泡。同时,孔道中残留的水分在接近真空的情况下被汽化,随同空气一起被抽出,增加了浆体的密实性。

③在真空状态下,减小了由于孔道高低弯曲而使浆体自身形成的压力差,便于浆体充盈整个孔道,尤其是一些关键部位。对于弯形、U形,竖向预应力筋更能体现真空压浆的优越性。

④改进浆体的配合比设计,使其不会发生析水、干硬收缩等问题。

⑤真空压浆工艺复杂,施工质量要求高,施工现场必须配备高水平的管理人员,必须有专业操作班组进行真空压浆施工。

(2)注意事项

①真空压浆的管道不能使用传统的金属波纹管,必须使用聚丙烯或高密度聚乙烯塑料波纹管,以提高孔道的密封性。

②真空压浆的浆体必须采用专用添加剂及配合比,并配备专用的真空压浆设备。

③孔道压浆过程应连续,不得停顿。在移动压浆泵、真空泵等设备时,应继续启动压浆泵,使浆体在输送管与搅拌机之间循环流动,防止浆体凝固,造成堵塞。

④真空压浆宜在-10~50℃之间进行。水泥浆在搅拌及泵送过程中温度不高大于50℃。

真空压浆法与普通压浆法相比,压浆过程连续,减小了曲线孔道中浆体自身引起的压力差,特别对于一些异形孔道的关键部位,提高了孔道压浆的密实性,在钢束曲率半径较小、钢束过长且常规压浆法不好施工的结构中取得了良好效果。

1.2.2 普通压浆工艺

普通压浆法即采用优质钢带(厚0.3mm)卷制的波纹管作为预应力孔道,并在管道的低点设置排水孔,高点设置排气孔,使用活塞式压浆泵或螺杆式压浆泵从孔道的低端向高端以0.4~0.7MPa的压力将水泥浆压注满整个孔道的方法。普通压浆技术的原材料要求为:水泥的强度等级不宜低于42.5,且不得有结块,水泥宜采用硅酸盐水泥和普通水泥;水宜采用清洁的饮用水;外加剂宜采用具有低含水率、流动性好、最小渗出及膨胀性等特性的外加剂。同时其不得含有对预应力钢绞线或水泥有害的化学物质。

普通压浆工艺比较简单、成熟,所需机具设备简单,目前在施工中普遍使用。但是普通压浆法存在以下缺点:①需要在整个管道的高点设置排气孔,低点设排水孔,压浆时堵塞较麻烦,且排出的混合物易污染混凝土表观;②压浆泵向孔道内注浆时,会吸入空气,致使管道中的浆体含有气泡,影响密实性;③普通压浆过程中,水灰比一般较大,由于浆体较稀,易发生混合料离析、析水和干硬性收缩,致使孔道内预应力钢绞线和结构物黏结强度不够,造成一定的质量隐患。

1.3 孔道压浆密实度检测意义

孔道压浆是后张法预应力施工的最后一道工序,其质量直接影响结构的安全性和耐久性。但是在具体施工质量控制中,预应力孔道压浆质量得不到有效的监督(图1-3)。孔道压浆不密实会加速结构的劣化和降低结构承载力,严重时甚至造成安全隐患和垮桥等恶性事故,带来巨大的经济损失。此外,在建筑行业中,装配式混凝土结构的应用也在日益广泛,其中的钢筋套筒连接以及浆锚搭接连接的压浆密实度直接影响结构的承载力。

 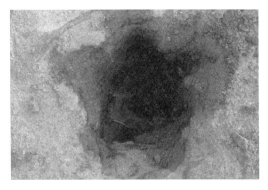

图1-3 孔道压浆存在严重孔洞、积水

在桥梁建设中,后张法预应力孔道压浆质量缺陷问题早已受到国内外工程建设者的广泛关注,其中因预应力筋锈蚀引起的预应力混凝土结构耐久性失效的事故占绝大多数。建于

1953 年的英国 Ynys-y-Gwas 大桥,于 1985 年突然垮塌,经英国运输与道路研究实验室(TRRL)检验发现,该桥梁倒塌是由预应力钢绞线锈蚀造成预应力大量损失所致。1980—1992 年,英国的多座预应力混凝土桥梁锚固端发生了严重的预应力筋腐蚀,以致不得不更换桥面板。由于预应力筋过早严重腐蚀,修建在印度孟买 Thane 河上的第一座后张预应力混凝土桥不得不进行重修更换,然而重修不到 10 年,新桥的预应力筋又遭到了严重的腐蚀破坏。美国佛罗里达州的尼尔斯海峡大桥在建成 16 年后被发现位于锚固端处有 19 股钢绞线发生了严重腐蚀。建于 1957 年的美国康涅狄格州的 Bissell 大桥,由于预应力钢筋锈蚀导致桥梁的安全度下降,在使用 35 年后,于 1992 年被炸毁重建。

在国内,由于压浆不密实导致钢筋锈蚀所造成的工程事故也屡见不鲜。北京西直门立交桥在建成 19 年后因严重的钢筋锈蚀而被拆除;1995 年,广东海印大桥的一根斜拉索因压浆不密实而锈断;2000 年,投入使用仅 24 年的京广线百孔大桥某孔曲线梁内一束预应力筋发生锈断;2001 年,四川金沙江拱桥因吊杆压浆不密实、钢绞线锈蚀造成部分桥面垮塌。预应力筋腐蚀导致的突发性破坏为结构安全埋下了极大隐患。

世界范围内统计数据显示,因钢筋锈蚀而发生的结构损坏使各国经济蒙受了巨大损失。1975 年,美国因混凝土中钢筋锈蚀造成的损失高达 280 多亿美元,占各类腐蚀总损失的 40%。1987 年,通过对全美境内已有桥梁使用状况的调查表明约有 253000 座桥梁受到不同程度的损伤,并以每年 35000 座的速度递增。1989 年,美国待修补的混凝土桥梁的维修费已达到 1550 亿美元。1992 年,据统计美国因钢筋腐蚀引起结构破坏而产生的维修费用高达 2580 亿美元,仅就桥梁损害一项产生的维修费用高达 900 亿美元,受损桥梁数量约占所有公路桥梁的 1/4。在英国,因钢筋腐蚀,政府每年对混凝土结构的维修费用高达 200 亿英镑。在我国,近年来因钢筋锈蚀引发的事故也非常严重。1994 年,因钢筋锈蚀损伤的桥梁有 722 座,占铁路病害混凝土桥梁的 27%。1996 年,交通部对沿海港口工程混凝土破坏状况的调查显示,使用期仅 5~10 年的混凝土结构已出现钢筋锈蚀引起的结构破坏占受损结构的 80%。因此,采用合理的检测技术和检测方法对预应力桥梁、结构管道的压浆质量进行检测、评价,对确保预应力桥梁、结构的安全使用和寿命周期具有关键作用。

1.3.1 孔道压浆缺陷的危害及原因分析

预应力钢绞线要在桥梁使用过程中确保长期发挥作用,达到设计要求,孔道压浆的质量是重要的影响因素之一。预应力孔道压浆的目的主要有两个:一是排除孔道内的水和空气,防止预应力钢绞线被腐蚀,保证构件的耐久性;二是通过压浆体使钢绞线与周围混凝土形成一个整体,改善应力分布和提高构件的承载力。如果压浆不密实,水和空气的进入易使处于高度张拉状态的钢绞线材料发生腐蚀,造成有效预应力降低。严重时,会发生钢绞线断裂,从而极大地影响桥梁的耐久性、安全性。此外,压浆质量缺陷还会导致混凝土应力集中,进而改变梁体的设计受力状态,从而影响桥梁的承载力和使用寿命。

孔道压浆缺陷对预应力混凝土桥梁的影响主要体现在耐久性和承载力两个方面。

(1)耐久性

大量资料和实践表明,孔道压浆不密实会造成预应力筋腐蚀和结构物损害,影响结构使用性能和安全性能。特别是沿海及近海地区的混凝土结构,由于海洋环境对混凝土结构的侵蚀,导致钢筋锈蚀而使结构发生早期损坏,丧失了结构的耐久性能。

预应力钢绞线的锈蚀分为一般腐蚀和应力腐蚀,其中应力腐蚀是特别危险的腐蚀形式。所谓应力腐蚀是指钢材处于受拉状态下,而同时受到腐蚀所发生的结果,将引起钢材发生急剧脆性破坏。

应力腐蚀断裂是金属材料在应力和腐蚀介质联合作用下产生的一种特殊破坏形式。不存在应力时腐蚀非常轻微,当应力超过某一临界值后,金属会在腐蚀并不严重的情况下发生脆断。预应力钢绞线的直径相对较小,强度较高,对腐蚀尤其是应力腐蚀更敏感。而且预应力筋发生的应力腐蚀不易从构件的外表察觉,其破坏又呈高度脆性,就使构件的破坏呈现突然性,这是由于预应力构件本身的性质及预应力筋的性质造成的。

预应力钢材对应力腐蚀具有敏感性,而且钢材抗拉强度越大敏感性越大。应力腐蚀断裂是一种低应力脆性断裂,因为导致应力腐蚀开裂的最低应力远小于材料断裂强度,而且断裂前无明显的塑性变形,脆性断裂时其应力水平一般不会超出屈服点,宏观塑性变形很小。这一点也是脆性破坏常导致灾难性事故的主要原因。

可以看出,应力腐蚀产生的破坏具有突然性,从构件外表不易察觉,断裂速度特别快,因此预应力筋的防腐是后张预应力混凝土的关键问题,而预应力孔道内的压浆质量成为防腐的重点。

钢筋锈蚀是电化学腐蚀过程,必须有水分和氧气的参与,而预应力管道压浆不实造成管道中存在气、水或气水混合物,在一定条件下就会发生预应力筋应力腐蚀。孔道压浆不密实造成钢筋锈蚀的主要原因有:

①冻胀

孔道中的游离水在低温冻胀后,沿预应力孔道方向出现裂缝,这种裂缝是不可恢复的,如果此游离水不被排除则裂缝会越来越大,裂缝的存在增加了混凝土的渗透性,使钢筋产生锈蚀;另外,预应力钢筋腐蚀后,腐蚀产物体积膨胀,又会进一步加剧顺筋裂缝的扩展。如此恶性循环,带有极大的危险性,影响结构耐久性。

当二氧化碳和水汽侵入混凝土内部时,其与混凝土中的碱性物质中和,导致混凝土的 pH 值降低,造成全部或部分钢绞线表面钝化膜破坏。由于钢材材质和表面的非均匀性,在钢绞线表面的不同部位总会出现较大的电位差,形成阳极和阴极。因此,在潮湿环境下,由于氧气和水的参与,预应力筋就有可能发生电化学反应,阴极、阳极生成的铁离子和氢氧根离子结合生成氢氧化铁。上述电化学反应使钢绞线表面的铁不断失去电子而溶于水,钢绞线逐渐被腐蚀,反应生成的氢氧化铁进一步氧化形成铁锈。

同时,铁锈膨胀还将引起混凝土开裂,从而导致水分、空气的进入,进一步加剧锈蚀。对于预应力钢绞线而言,因应力较大对腐蚀的敏感性大,可能构件表面还未出现裂缝,构件就会因应力腐蚀造成钢绞线断裂而突然断裂。

②离子侵入

若预应力筋无固化压浆料包裹物,直接与孔道中水接触,易发生电化腐蚀。当孔道中水的 pH 值小于 4 或由于氯离子从裂缝处进入孔道,到达钢筋表面并吸附于局部钝化膜处时,可使该处的 pH 值迅速降低,破坏预应力筋表面的钝化膜,引起预应力筋腐蚀。

在沿海地区,由于海风中含有氯离子,对钢绞线的危害很大。氯离子是极强的去钝化剂,在钢筋表面吸附于局部钝化膜处,使该处的pH值迅速降低,破坏预应力筋表面的钝化膜。氯离子破坏钝化膜使预应力筋表面露出了铁基体,与尚完好的钝化膜区域之间构成电位差,大面积钝化膜区域作为大阴极,铁基体作为小阳极形成腐蚀电池。腐蚀电池作用的结果是在预应力筋表面产生腐蚀坑,使钢绞线受拉时引起应力不均匀,造成应力集中,可能导致预应力筋早期断裂。

（2）承载力

压浆不密实不仅对预应力混凝土桥梁的耐久性有很大影响,而且对桥梁的即时承载力也有相当影响。王一等人对三种5m简支矩形模型试验梁(孔道完全压浆、孔道部分压浆和孔道完全未压浆)进行了试验数据分析(表1-1、表1-2)。试验共有5片梁,其中1号、2号、3号梁为全压浆,4号梁孔道内中间2.5m长未压浆,5号梁完全未压浆。荷载与挠度曲线关系如图1-4所示。

不同梁开裂荷载 表1-1

梁号	1	2	3	4	5
开裂荷载(kN)	152	152	152	138	139
提高幅度(%)	9.35	9.35	9.35	—	—

注:以5号为基准。

不同荷载挠度 表1-2

梁号	1	2	3	4	5
150kN 挠度(mm)	5	5	5	5	5
200kN 挠度(mm)	10.27	—	—	9.5	11.95
200kN 提高幅度(%)	—	—	—	—	16.36
250kN 挠度(mm)	17.52	—	—	17.52	26.90
250kN 提高幅度(%)	—	—	—	—	53.54

注:以1号为准。

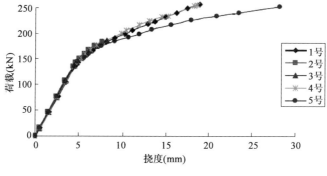

图1-4 荷载与挠度曲线关系

试验结果表明:

①对于全空孔道,其开裂与荷载较全密实孔道低10%左右。

②三种模型梁在开裂前挠度增长相同,但在开裂后压浆缺陷梁的挠度增加速度远大于完全压浆梁。

③最大挠度可能增加50%,因此,大缺陷是必须要处理的。

试验得出了孔道压浆密实程度不同,这类初始几何缺陷会对结构的挠度和应力产生显著影响,即孔道完全未压浆试验梁的挠度＞孔道部分压浆试验梁的挠度＞孔道完全压浆试验梁的挠度。此外,对上述5m简支模型梁用ANSYS有限元通用软件分别模拟了压浆密实程度、压浆材料不同以及预应力预留孔道对截面的削弱三类初始几何缺陷,对比分析考虑该三种初始缺陷与不考虑该三种初始缺陷的梁,并将计算分析所得数据与试验数据进行了对比验证,三类缺陷均会导致梁体的挠度和应力有较显著的增加。

1.3.2 孔道压浆缺陷的分级

结合国外经验与东南大学叶见曙教授等学者提出的压浆密实度的分级标准,根据对钢绞线的危害程度,可将压浆缺陷分为如下4级:

A级:注浆饱满或波纹管上部有小蜂窝状气泡、浆体收缩等,与钢绞线不接触;

B级:波纹管上部有空隙,与钢绞线不接触;

C级:波纹管上部有空隙,与钢绞线相接触;

D级:波纹管上部无砂浆,与钢绞线相接触并严重缺少砂浆。D级又可细分为D1、D2和D3级,分别对应于大半空、接近全空和全空(图1-5)。

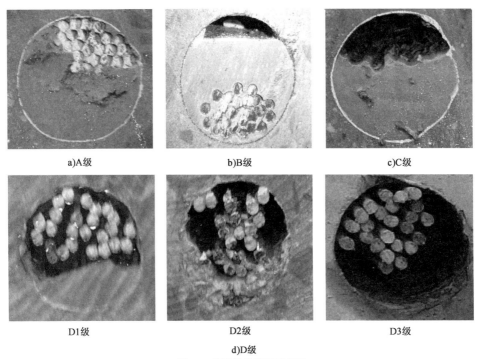

图1-5 压浆缺陷等级示意图

其中,C级和D级对钢绞线的危害很大。而A、B级尽管对钢绞线的锈蚀影响较小,但会对应力传递和分布产生不利影响。

在实际检测中,由于检测技术的限制,对 A、B、C 级的明确区分尚有一定的难度。

1.4 孔道压浆密实度检测技术

高强钢绞线在水和空气的作用下极易腐蚀,因而对钢绞线的防腐保护是决定预应力混凝土桥梁耐久性与安全性的关键因素之一。如果压浆不密实,水和空气的进入会导致处于高度张拉状态下的钢绞线发生腐蚀,造成承载能力降低,极大影响桥梁的安全性和耐久性,甚至发生工程事故。因此,有必要通过有效的检测方法,对其进行预防和控制。

根据测试所采用的媒介,检测技术大致可以分为:

(1)钻芯、钻孔检测法

钻芯、钻孔检测法是最传统的压浆缺陷检测技术,由于其客观性强,作用无法替代。但该方法属于局部破损检测方法。由于其工作量大、效率低、费用高,容易对结构内部钢筋造成损伤等,无法进行大面积的检测。目前,钻芯、钻孔检测技术主要在小规模混凝土压浆密实度检测方面有所应用,也可以通过钻芯、钻孔对无损检测得出的数据进行现场验证。

(2)基于放射线的检测方法

伽马射线、X 光、中子线等具有较强的穿透性和直线性,根据其在传播过程中的衰减特性,可以了解检测对象的不均质性。这种检测方法的优点是成像直观、分辨力强,但该类方法的测试设备庞大,测试费用高,检测效率低且具有一定的危害性,在国内应用很少。

(3)基于电磁波的检测方法

电磁波遇到障碍物会被反射回来,因而探地雷达(GPR)根据电磁波的这个特性随之产生。探地雷达电磁波在不同介质中传播时,会在两种介质界面发生反射,介质的介电常数相差越大,反射越强烈。探地雷达系统将高频电磁波以宽频带脉冲形式由发射天线向被探测物发射,该雷达脉冲在被探测物质中传播遇到不同电性介质交界面时,部分雷达波的能量被反射回来,由接收天线接收。电磁波在传播过程中,其路径、电磁场强度与波形随所通过介质的电性质及几何形态的变化而产生不同程度的变化。根据反射波信号的时延、形状及频谱特性等参数,可以解译出目标深度、介质结构及性质。在数据处理的基础上,应用数字图像的恢复与重建技术,对探测目标进行成像处理,达到对探测目标的直观再现。

探地雷达系统一般包括发射机、接收机、天线、分离器、信号处理机和成像显示设备等部分,其典型系统组成如图 1-6 所示。探地雷达在 20 世纪 70 年代开始应用于工程地质勘察,近50 年来,其应用已扩大到考古、建筑、铁路、公路、水利、水电等诸多领域。探地雷达能够对压浆密实度进行检测,但不适用于铁皮波纹管以及钢筋排布密集部位的检测。探地雷达成像如图 1-7 所示。

(4)基于超声波的检测方法

利用超声波检测孔道压浆饱满度的方法来源于检测混凝土缺陷。超声脉冲波在混凝土中传播,通过分析其声速(声时)、波幅和频率等声学参数的变化来判断缺陷情况(图 1-8)。当混凝土密实时,超声波波速快,首波信号的波幅和频率大;当混凝土存在蜂窝、空洞或裂缝等缺陷时,超声波在缺陷界面发生反射、散射和绕射等现象,导致声学参数产生明显变化。

图1-6 探地雷达

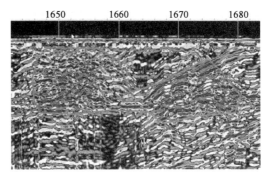

图1-7 探地雷达成像示意

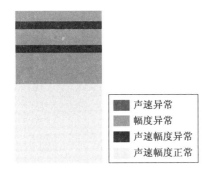

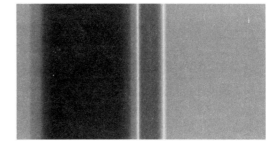

图1-8 缺陷分布示意图

从理论上讲,当预应力孔道中存在缺陷体(如空气或水)时,超声脉冲中的高频分量易于发生反射,使得接收波的频率下降。并且由于反射和散射,波形发生畸变。因此,利用压浆缺陷对波速的影响,采用对测的方法可以检测压浆缺陷,国内已有学者从事这方面的研究和实践。但需要从板的两侧面对测,而且需要耦合,因此作业性较差,效率低。

(5) 基于弹性波的检测方法

冲击弹性波的基本性质与超声波类似,但其能量相对较大,并适合于频谱分析,因此在土木工程检测中得到了广泛应用。该方法不仅可以快速定性检测,也能对有问题的孔道进行缺陷定位,可分为两类:

① 基于孔道两端穿透的方法,即定性检测方法。

② 基于反射的冲击回波法(IE 法),即定位检测方法。

定性检测方法利用锚索两端露出的钢绞线进行测试,测试效率高。由于空洞等缺陷通常发生在孔道的上方,因此通常只需测试最上方的钢绞线即可。在一次测试过程中,可同时完成全长衰减法(FLEA 法)、全长波速法(FLPV 法)、传递函数法(PFTF 法)、波形特征对比法等四种方法的测试。为了提高检测精度,需要在钢绞线的两端分别激振和接收。一般情况下,FLEA 法和 FLPV 法适用于全体压浆性能测试,PFTF 法和波形特征对比法适用于端部压浆性能测试。冲击弹性波检测仪如图1-9所示。

定位检测方法沿着管道的上方或侧方,以扫描的形式连续测试(激振和受信),通过反射信号的特性测试管道内压浆的状况。定位检测方法包括冲击回波法(IE 法)、冲击回波等效波速法(IEEV 法)和冲击回波共振偏移法(IERS 法)。这三种方法均采用同一数据和同一频谱分析,仅在云图判读上有所不同。一般而言,IE 法是基础,各种状况均适用。IEEV 法适合于壁厚较小、底部反射明显的情形(图 1-10)。而 IERS 法则相反,适合于壁厚较大、底部反射不明显的情形。

图 1-9　冲击弹性波检测仪

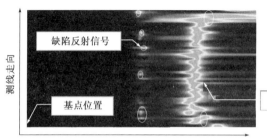

图 1-10　IEEV 法典型解析图

第 2 章 现有检测方法

2.1 概述

预应力混凝土采用预先加压的手段间接提高混凝土的抗拉强度即极限拉应变,从本质上改善了混凝土容易开裂的特性。预应力孔道压浆质量的好坏直接影响预应力钢筋的保护,继而影响预应力混凝土梁的承载力和耐久性。后张预应力混凝土结构很重要的特点是其采用波纹管成孔,预应力钢筋张拉完成后再进行孔道压浆。箱梁预应力钢束布置如图2-1所示。后张预应力混凝土结构孔道压浆饱满程度是影响后张混凝土结构耐久性的一个重要因素,波纹管内压浆饱满程度将直接影响其对预应力钢筋的保护以及结构的受力整体性。众多桥梁垮塌事故的调查表明,导致钢绞

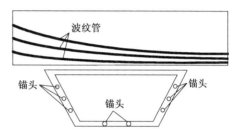

图 2-1 箱梁预应力钢束布置图

线锈蚀的主要原因就是预应力孔道压浆不密实。因此,采用先进的无损检测技术对预应力结构的孔道压浆质量进行检测,对客观评价结构的质量状况意义重大。

为此,国内外相继开展了一些研究,提出了不少检测方法。例如冲击回波法、超声波成像法、表面波频谱成像法、探地雷达法(GPR 法)、X 射线和 γ 射线成像法、超声相阵法等方法。从发信点与受信点的位置关系,可以将上述方法分为透过法和反射法;从采用的测试媒介,又可以将这些方法分为基于弹性波(包括超声波)的方法和弹性波以外的方法。本章在对这些方法进行总结比较的基础上,对检测技术的发展方向进行了探索,主要介绍探地雷达法、射线法、超声波法和冲击弹性波法。

2.2 探地雷达法

2.2.1 测试原理

雷达法是利用高频电磁波以宽频带短脉冲形式,由结构物表面通过发射天线定向传入地下,经过存在电性差异的混凝土反射后返回表面,被接收天线接收。当发射与接收天线以固定的间距沿测线同步移动时,就可以得到反映混凝土缺陷分布情况的雷达图像。混凝土均一性差时(如存在蜂窝、架空等),这部分区域与周围混凝土电性差异增大,反射波增强;当其完整致密时,混凝土性质相对均一,反射波变弱。该方法可根据波形记录直接分析混凝土内部缺陷的分布和形态,具有一定的可视性;可根据探测深度、分辨率的要求,选用不同频率的天线。雷

达法测试原理如图2-2所示。

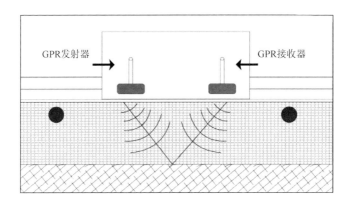

图2-2 雷达法测试原理

一般而言,波长越短的电磁波,传播的直线性越好,分辨力越强。但同时衰减也越快,测试范围就窄。此外,需要指出的是,波纹管主要有两种类型——金属管和PVC管。由于金属材料的诱电性很强,因此雷达法对铁管内的压浆密实度无法进行测试。

2.2.2 特点

研究表明,探地雷达应用于预应力孔道PVC波纹管压浆密实度检测具有一定的可行性。由于金属波纹管对电磁波有强烈的屏蔽作用,所以该法不适用于金属波纹管。此外,该法受配筋的影响大,漏测现象十分普遍。

2.2.3 工程实例

某大桥预制T梁,边梁梁底座长30.2m,中梁底座长30m,高2m,宽0.5m。预应力钢绞线孔道采用内径0.1m的PVC塑料管,预应力钢绞线孔道分布如图2-3所示。

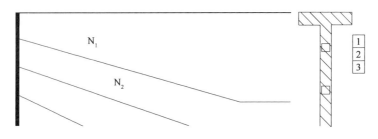

图2-3 预应力钢绞线孔道分布示意

根据探地雷达扫描检测结果[图2-4a)、b)],大桥左22-5大里程端N_2束雷达图像为低频高振幅反射波,其同相轴中部为平板,两端为半支开口向下圆弧,存在多次反射较多,推测为压浆不饱满、局部空腔引起,深度大约在0.26m;N_3束雷达图像为低频高振幅反射波,反射波为开口向下圆弧形同相轴,存在多次反射较多,推测为压浆不饱满、局部空腔引起,深度均大约为0.25m。

如图 2-4c)所示,该大桥左 22-5 小里程端 N_2 束雷达图像为低频高振幅反射波,其同相轴中部为平板,两端为半支开口向下圆弧,信号不存在多次反射的情形,推测为压浆不饱满、局部空腔引起,缺陷深度大约为 0.25m;N_3 束雷达图像为低频高振幅反射波,反射波为开口向下圆弧形同相轴,信号不存在多次反射的情形,推测为压浆不饱满、局部空腔引起,缺陷深度均大约在 0.25m。其余部位雷达波反射信号强度变化不大,同相轴连续性较好,推断预应力孔道压浆饱满。

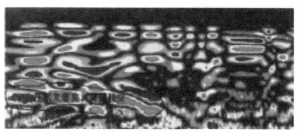

a)1号钻孔,大里程端N_2束

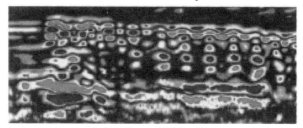

b)1号钻孔,大里程端N_3束

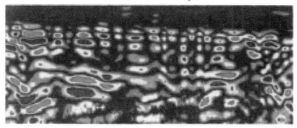

c)2号钻孔,小里程端

图 2-4 大桥左 22-5 处钻孔雷达检测异常剖面

为确保结果准确,采用钻孔进行验证,钻孔检测结果见表 2-1。

钻 孔 检 测 结 果　　　　表 2-1

检 测 位 置	钻 孔 号	孔道位置定位	钻孔验证情况
桥左 22-5 大里程端	1 号钻孔开窗	大里程端 N_2 束,N_3 束	孔道内有少量压浆,压浆不饱满,有水流出
桥左 22-5 小里程端	2 号钻孔	小里程端 N_2 束,N_3 束	钻孔深 30cm,孔道有少量压浆,压浆不饱满

结合雷达图像,经开孔验证:预应力钢绞线压浆孔道中缺陷为矩形,雷达图像为低频高振幅反射波,其同相轴中部为平板,两端为半支开口向下圆弧;缺陷为含水空洞,信号存在多次反射的情形;缺陷为含气空洞,信号不存在多次反射的情形。

2.3 射线法

2.3.1 测试原理

X射线和γ射线都有较强的穿透性和直线性。当X射线或γ射线穿过(照射)物质时,该物质的密度越大,射线强度减弱得越多,即射线能穿透该物质的强度就越小。因此,在梁、板的两端分别发信和受信(拍片),通过相片中感光的浓淡程度即可测试孔道的压浆密实度。

2.3.2 X射线成像技术

X射线是一种波长在$10^{-12} \sim 10^{-16}$之间的电磁波,穿透物质的能力由其波长(能量)决定,波长越短(能量越大),透过能力越强。X射线成像技术利用不同物质对X射线的吸收率有所差异的原理来测试。即充填密实的部分对X射线的吸收率高,从而感光度较低,有空洞的部分则相反,感光度较高。

X射线透过物体的能量可由式(2-1)表示:

$$I = I_0 \cdot e^{-\mu T} \tag{2-1}$$

式中:I_0——透照前的射线能量;

I——透照后的射线能量;

μ——吸收系数(cm^{-1});

T——透照物体的厚度(cm)。

吸收系数因透照物质和射线物质的不同而不同。例如,透过混凝土后的射线能量、透过有缺陷部位的射线能量以及透过钢筋后的射线能量等均不相同,这些能量的差异将反映在底片上。射线透照在有空洞混凝土试件的底片上,有空洞的那部分混凝土比无空洞的混凝土本体部分要黑。这是因为空洞部分所含空气使该部分对射线的吸收能力低于不含空洞的部分,透过空洞部分的射线强度高于无空洞部位。所以在X射线感光胶片上,对应于空洞部位将接收较多的射线光粒子,形成黑度较大的空洞影像。压浆空洞检测方法如图2-5所示。

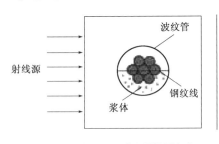

图2-5 压浆空洞检测方法

由于X射线成像技术测试结果鲜明直观、判断准确率高,因此很早就被尝试使用。但X射线成像设备复杂,有一定的辐射,特别是需要感光胶片,检测费用高,因此,只在特别的情况下才被使用。

2.3.3 γ射线成像技术

γ射线成像技术的测试原理与X光成像技术的测试原理相同,只是γ射线的穿透力更高,可以测试更厚的梁板。但γ射线的测试设备一般更加复杂,辐射大,目前已很少应用。

2.3.4 特点

射线法具有一定的可视性,测试精度也相对较高。但问题在于这两种方法的测试设备较为庞大,测试费用高,且有一定的危害性(放射性)。此外,这一类的透过法由于需要在梁的两端作业,不适合箱梁结构。

2.4 超声波法

2.4.1 测试原理及测试参数

超声波法的基本原理是由发射换能器中的压电陶瓷或其他类型的压电晶体激发出固定频率的弹性波(即压电正效应),在结构内部传播后再由接收换能器接收(即压电逆效应),利用回波信号的振幅、时间及频率特性来判断混凝土构件的内部缺陷。

混凝土是一种各向异性的非均质材料,其内部的石料砂浆等各种组成成分对超声脉冲波的吸收、散射、衰减影响很大,同时,超声脉冲波在混凝土中的传播速度有较大范围的变化。因此,用超声波法检测混凝土中的缺陷,一般要综合考虑超声波在被测混凝土中的传播速度(声速)、首波幅度(波幅)、主频率(主频)及接收信号波形等声学参数。

(1)声速

声速为超声波在被测混凝土中的传播速度,混凝土的声速与混凝土内部孔隙、材料组成等有关,同时也与混凝土的弹性模量有关。不同强度等级和组成的混凝土,其声速也不同。一般情况下,内部越致密,弹性模量越高,其声速也越快。因此,对于同种材料与同种配合比的混凝土,强度越高,其声速也越快。若混凝土内部有空洞、蜂窝等缺陷,则该处混凝土的声速相比正常部位慢。

(2)波幅

接收波振幅通常指首波,即第一个波前半周的幅值,接收波的振幅与接收换能器处被测介质超声声压成正比,所以接收波振幅值反映了接收到的声波的强弱。在发射出的超声波强度一定的情况下,振幅值的大小反映了超声波在混凝土中的衰减情况。而超声波的衰减情况又反映了混凝土的黏塑性能。混凝土是弹黏塑性体,其强度不仅和弹性性能有关,也和其黏塑性能有关,因此,衰减大小,即振幅高低也能在一定程度上反映混凝土的强度。对于内部有缺陷或裂缝的混凝土,由于缺陷、裂缝使超声波反向或绕射,振幅也将明显减小,因此,振幅值也是判断缺陷与裂缝的重要指标。

(3)主频

超声波主频一般是由多种成分组成的复频波,其在混凝土内部传播过程中,受到混凝土的吸收及各种界面的反射、散射,造成部分波被衰减掉,频率越高,衰减越多,从而使接收波的主频率或频谱发生变化。这种变化的程度除了与传播具体有关之外,主要取决于混凝土本身的性质以及内部有无缺陷等。

(4)接收信号波形

当超声波在传播过程中碰到混凝土内部缺陷、裂缝或异物时,由于超声波的绕射、反射和传播路径的复杂化,直达波、反射波、绕射波等各类波相继到达接收换能器,它们的频率和相位各不相同。这些波的叠加有时会使波形畸变。因此,对接收波波形的分析、研究有助于对混凝土内部质量及缺陷的判断。鉴于波形的变化受各种因素的影响,目前对波形的研究只作一般的观察记录。

2.4.2 超声波透射法

超声波透射法是将两个探头分别置于试件的两个相对面,一个探头发射,另一个探头接收。根据超声波穿透试件后的时间、能量变化情况来判断试件内部质量。如对象内无缺陷,声波穿透后衰减小,则接收信号较强;反之,接收探头只能收到较弱信号。

超声波透射法的优点是工件中不存在盲区,适宜探测薄壁工件。但该方法对发射和接收探头的相对位置要求严格,所以不适用于箱梁等人员难以进入的结构,且测试费时、对接触面要求高,因而难以广泛应用。

2.4.3 超声相阵法

超声相阵法采用的是反射的方法,不需要两个相对的测试面,通过分析从缺陷位置反射回来的信号,然后通过多点相阵成像,就可以发现缺陷的位置。超声相阵法的分辨率高且只需要一个测试面即可。但是,超声相阵法与超声波投射法一样,对检测面的要求比较高,检测的效率低,对铁皮波纹管的检测也存在一定问题。

2.4.4 超声波法检测的影响因素

目前,常用的超声换能器都需要添加耦合剂进行耦合,耦合剂的作用在于排出换能器与混凝土表面之间的空气,减少测量误差。超声波经过耦合剂时,振幅和波的传播时间都会受到影响。在实际工作中,经常会因为耦合效果不佳,造成采集到的数据振幅变化异常。影响耦合效果的主要因素,除了检测对象本身存在的问题,如混凝土表面不平整之外,还包括对换能器施加的压力及耦合剂的用量大小。其中,耦合剂的用量对采集的数据影响较大。

2.4.5 特点

超声波检测预应力孔道压浆质量,依据的是在混凝土构件的一端利用发射换能器辐射高频振动,经过预应力管道中心到达另一端的接收换能器,超声波在传播过程中遇到由各种不密实形成的界面时,就会改变传播方向和路径,其能量就会在缺陷处被衰减,造成超声波到达接收换能器时声时、声幅、频率的相对变化。因此,可以用超声波来判断管内混凝土的压浆质量。但需要从板的两侧面对测,而且需要耦合,因此作业性差,效率很低,难以实用。

2.4.6 工程实例

对某预应力混凝土T梁进行测试,根据其多断面预留孔道的分布情况,沿跨度方向分别布置上、中、下三排测点,其中上排不过孔,中排过一孔,下排1、2、6、7断面过两孔,3、4、5断面过三孔。在所测断面的测点两面,也涂抹凡士林,使换能器与梁体之间不留空隙,在测点上多次反复测量。当发现过孔的某一测点在局部区段出现异常数据时,除加密点进行复测以确定其范围外,还应在大于该范围的区段内进行斜测。

通过超声波检测仪采集到的波形,分为以下三种情况:

(1)不过孔时,声时正常,声速在4100~4600m/s之间,如图2-6所示。

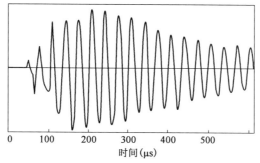

图2-6　不过孔时混凝土超声波波形

(2)过一孔时,声时比不过孔时偏大,声速变小,声速值在3400~3800m/s之间,如图2-7、图2-8所示。

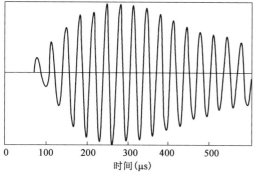

图2-7　过一孔时未压浆的混凝土超声波波形

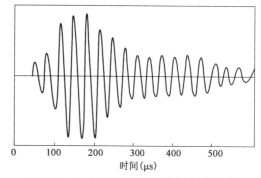

图2-8　过一孔时压浆后的混凝土超声波波形

(3)过两孔或过三孔时,声时值明显增加,最大相对差55%~65%,声速低于正常混凝土,声速值在1500~1800m/s之间,接收波振幅明显衰减,如图2-9、图2-10所示。

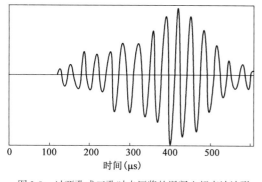

图2-9　过两孔或三孔时未压浆的混凝土超声波波形

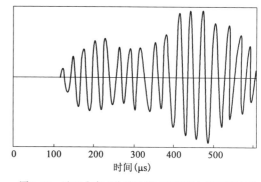

图2-10　过两孔或三孔时压浆后的混凝土超声波波形

从检测结果可以看出声学参数变化情况:

同一部位混凝土,是否压浆对声时无影响,且声时比值与压浆饱满程度无相关关系。这可能是由于孔道直径与换能器的直径相近,其存在对声波实际传播距离影响不大,同时混凝土本身的质量也由一定的离散性所致。

同一部位压浆后的波幅值大于压浆前的波幅值,这是因为所用换能器发射的脉冲波为球面波,可以用各种谐波的幅频函数 $A_0(f)$ 表示。即各种频率的谐波在混凝土中传播一定距离 L 后,波幅值 $A(f)$:

$$A(f) = A_0(f) e^{-\alpha L}/L \tag{2-2}$$

式中:L——声波在混凝土中传播的实际距离,与混凝土的组成材料有关;

α——衰减系数,为吸收、散射和扩散衰减的总和;其中,吸收和散射衰减,与混凝土的黏滞性和颗粒以及空隙尺寸有关;

$A_0(f)$——传播距离为0时的波幅值。

由于孔道的存在及其压浆多少对 L 的影响不大。由上式可知,α 对波幅值 $A(f)$ 起决定性的作用。当混凝土的组成材料、工艺条件和测试距离一定时,脉冲波遇到空隙,由于波长和空隙尺寸在数量上的比拟关系,脉冲波除了散射使波幅值减小外,在空隙面上的全反射,则是波幅值减小的主要因素。

通过对试验梁预留孔道压浆密实质量进行检测分析,波幅值由于对空隙反应敏感,是判断分析孔道压浆密实性的主要依据,能够较全面反映孔道的压浆质量,并对压浆的密实性予以粗略计算。

2.5 冲击回波法

弹性波能够反映材料的力学和几何特性,而且测试方法灵活。相对压浆饱满的管道,压浆有缺陷时,传播速度、衰减、反射特性都会有所变化。因此,单面、双面、透过、反射等各类检测方式均可适用,是一种很有效的测试手段。近年来,随着电子技术和信号、图像处理技术的飞速发展,基于弹性波的测试方法得到了长足的进步。

2.5.1 定性检测方法

利用露出的锚索,在一端激发信号,另一端接收信号。通过分析传播过程中信号的能量、频率、波速等参数的变化,从而定性地判断该孔道压浆质量的优劣(图2-11)。该方法测试效率高,但测试精度和对缺陷的分辨力较差,一般适用于对漏灌、管道堵塞等压浆事故的检测。定性检测宜用于梁体两端钢绞线露出的纵向、横向预应力孔道,波纹管长度不宜大于50m,大于50m的梁需要专门研究或变更为定位检测的方式。

图2-11 定性测试示意

(1)全长衰减法(FLEA法)

根据冲击弹性波在传播过程中的能量衰减来判定预应力孔道整体的压浆密实性。若孔道整体压浆密实性较好,则能量在传播过程中逸散多、衰减大、振幅比小;相反,若孔道整体压浆密实性较差,则能量在传播过程中逸散少、衰减小、振幅比大。检测结果以全长衰减法分项压浆指数 I_{EA} 来量化表达。

(2) 全长波速法(FLPV 法)

根据冲击弹性波在传播过程中的波速大小来判定预应力孔道整体的压浆密实性。若孔道整体压浆密实性较好,则波速在传播过程中接近混凝土波速;相反,若孔道整体压浆密实性较差,则波速在传播过程中接近钢绞线波速。检测结果以全长波速法分项压浆指数 I_{PV} 来表达。

(3) 传递函数法(PFTF 法)

根据冲击弹性波在传播过程中的频率变化来判定预应力孔道端部的压浆密实性。若接收端频率大于激振端频率,则接收端孔道压浆密实性较差;若激振端频率明显偏高或偏低,则激振端孔道压浆密实性也较差。检测结果以传递函数法分项压浆指数 I_{TF} 来量化表达。

(4) 波形特征对比法

根据冲击弹性波在传播过程中所产生的信号时间差来判定预应力孔道端部的压浆密实性。若先接收到经钢绞线传来的信号,再接收到经周围混凝土传来的信号,则预应力孔道端部密实性较差;若两者信号传播时间较为接近,则预应力孔道端部密实性较好。

2.5.2 定位检测方法

沿孔道轴线的位置,以扫描的形式逐点进行激振和接收信号。通过分析激振信号,从波纹管以及对面梁侧反射信号的有无、强弱、传播时间等特性来判断测试点下方波纹管内缺陷的有无及形态。定位检测适用于检测孔道压浆缺陷的有无及其位置,以及缺陷的大致尺寸、缺陷类型。该方法检测精度高、分辨力强,适用范围较广,目前使用最多。但该方法耗时较长,且受波纹管位置影响较大。定位测试示意如图 2-12 所示。

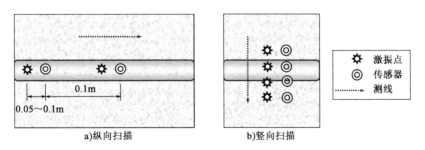

图 2-12　定位测试示意

定位检测基于冲击回波法(IE 法),通过侧壁或顶(底)面激振、接收的方式,对压浆缺陷的位置、规模等进行定位测试。然而,通常的冲击回波法在检测压浆密实度时,存在严重不足。后经改进有冲击回波等效波速法(IEEV 法)、冲击回波共振偏移法(IERS 法)等。

(1) 冲击回波等效波速法(IEEV 法)

根据冲击回波在构件中的传播速度来判定测点处预应力孔道的压浆密实性。若测点处孔道压浆密实性较好,则传播时间接近构件混凝土的传播时间;相反,若测点处孔道压浆密实性较差,则传播时间大于构件混凝土的传播时间。检测结果以实际传播时间 t 来量化表达。

(2)冲击回波共振偏移法(IERS 法)

用冲击回波在构件中的共振频率位置的偏移量来判定预应力孔道的压浆密实性。若无孔道位置处共振频率与孔道位置处共振频率相同,则预应力孔道位置处压浆密实性较好;若无孔道位置处共振频率与孔道位置处共振频率不相同,则预应力孔道位置处压浆密实性较差。

2.5.3 特点

冲击弹性波的基本性质与超声波相似,但其能量相对较大,并适合于频谱分析,因此在土木工程结构检测中得到了广泛应用。冲击弹性波应用于预应力孔道压浆密实度检测,不仅可在侧壁进行逐点检测,也可在梁的端头对整个孔道的压浆状况进行定性检测,具有其他各种方法无可替代的优势。冲击弹性波可测试预应力混凝土梁的绝大部分管道(包括顶板、腹板和底板)和位置,测试精度和客观性高、测试盲区少。根据反射信号及等效速度的特点,还可推断压浆缺陷的类型(空洞型或松散型)和规模大小。但用冲击弹性波检测混凝土内部缺陷时,由于事先不能得到压浆全满和全空情况的参照频谱图,在实际测试中得到的频谱图不易判断结果,对频谱分析要求高。

2.5.4 适用范围

(1)对于锚头尚未封闭的梁:可以应用上述各种方法。

(2)对于锚头已封闭的梁。

①敲除锚头的部分封闭混凝土:可以应用上述的部分或全部方法;

②不敲除锚头封闭混凝土:可以应用冲击回波等效波速法,但在锚头附近的梁板较厚、钢筋配置密集,测试精度会有所降低。

(3)缺陷的检出尺寸。

根据 Sansalone 和 Streett(1997)的研究成果,能够检出缺陷的尺寸 d 应大于 0.3 倍测试深度 T,即 $d/T > 0.3$。当波纹管距测试面距离为 10cm 时,最小检出缺陷尺寸的理论值为 3cm。

另外,压浆缺陷的长 L、宽 W、高 H 的尺寸相差很大。通常是长度较大,可达几十甚至几百厘米,宽度则仅有数厘米,而月牙形缺陷的高度往往只有 1~2cm 甚至更小。为了便于分析,作者采用投影尺寸 D。当缺陷的长度 L 大于 T 时,可取 T 计算。

顶、底面检测:

$$D = \sqrt{TW} \tag{2-3}$$

侧面检测:

$$D = \sqrt{TH} \tag{2-4}$$

如要求 $D/T > 0.3$,则按下式计算。

顶、底面检测: $W > 0.09T$

侧面检测: $H > 0.09T$

由此可见,当波纹管距测试面距离为 10cm 时,最小检出缺陷宽、高的理论值为 1cm。

2.5.5 工程实例

某在建高速现浇梁在压浆过程中发现 6 根横向束孔道存在堵管现象,导致该部分孔道仅注入少量压浆料。为找出孔道堵管位置,进行定位测试。被测试孔道为横向束孔道,位于现浇梁中部,N2、N3 孔道为并排波纹管且孔道位置处混凝土结构厚度变化复杂,能够测试孔道位置长度有限。在测试过程中,采用共振偏移法(IERS 法),在测试过程中针对不同厚度选用不同厚度激振锤对孔道进行定位测试。N1、N2、N3 堵管孔道最高位置等值线图如图 2-13 ~ 图 2-15 所示。

 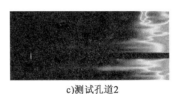

a)标定　　　　　　　b)测试孔道1　　　　　　c)测试孔道2

图 2-13　N1 堵管孔道最高位置等值线图

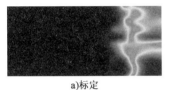  

a)标定　　　　　　　b)测试孔道1　　　　　　c)测试孔道2

图 2-14　N2 堵管孔道最低位置等值线图

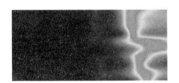 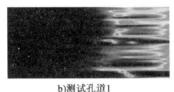 

a)标定　　　　　　　b)测试孔道1　　　　　　c)测试孔道2

图 2-15　N3 堵管孔道最低位置等值线图

测试结果显示部分孔道最高位置处部分有少量浆料,部分无浆料(由此判断该位置为孔道堵管位置)如图 2-13 所示。部分孔道最低位置处无压浆料(由此判断该孔道内部无压浆料或仅少量压浆料)如图 2-14、图 2-15 所示。为验证结果准确性,现场随即对其进行钻孔验证,验证结果显示部分孔道确系无压浆料,测试判断堵管位置处由于波纹管变形而不能注入多余压浆料(图 2-16)。

图 2-16　对测试孔道进行打气、注水验证

2.6 超声波法和冲击回波法的比较

在混凝土表面用超声波发振和用锤打击发振产生的弹性波基本上是相同的。但超声波是通过振动子伸缩式电压变化,在短的时间内完成,产生短的脉冲。超声波受信和加速度传感器受信的机械基本相同。但加速度传感器受信的频带宽,而超声波是利用卓越频率的共振,可高感度受信。

冲击弹性波是由激振装置在固体表面击打产生的。同样,如果使用超声波探头在固体表面诱发振动,也能够在固体内部激发冲击弹性波。因此,在固体中传播的超声波可以理解为能量比较弱,频率高的冲击弹性波,其与锤击等方式诱发的冲击弹性波并没有本质上的区别。

但是,由于激振以及受信结构上存在差异,超声波法与冲击回波法之间还是有一定的不同,主要体现在:

(1)冲击弹性波的能量远远大于超声波,并且集中,测试深度明显提高。

(2)发振信号的频率特性和波长:超声波波长短,一般是几厘米,而用锤击激振产生的冲击弹性波波长几十厘米甚至更长,受混凝土集料颗粒散射影响小。因此,超声波的分辨率高,对细微的缺陷比较敏感,但衰减快,测试范围受到限制。

(3)超声波的探头在保持高灵敏度的同时,其频率响应特性一般较差(图 2-17)。因此,超声波测试仪器对频率分析和振幅分析都比较困难。而冲击回波法测试一般采用加速度传感器,传感器在各种固定方式下,其频响曲线都有较长平坦部分(图 2-18),有利于频谱分析和能量分析。超声波法和冲击回波法的主要异同如表 2-2 所示。

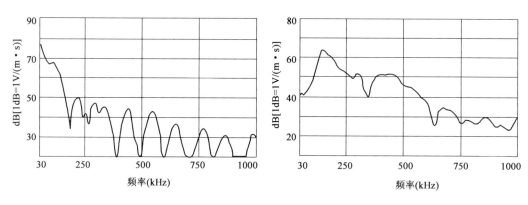

图 2-17 频响特性中没有平坦部分

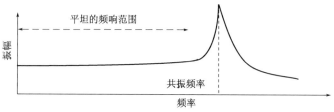

图 2-18 频响特性中有平坦部分

超声波法和冲击回波法的主要异同 表 2-2

	项　　目	超声波	冲击弹性波	
发振	方法	电气振动	打击等	
	能量	小	大	
	频率	短(频率高)	长(频率低)	
受信	传感器类型	探头	AE 传感器	加速度传感器
	受信灵敏度	高	高	低
	频谱特性	差	差	好

第3章 冲击回波法

3.1 冲击回波法的发展历程

早在20世纪60年代,美国国家标准和技术研究所(The National Institute of Standards and Technology,NIST,也被称为美国国家标准局,National Bureau of Standards,NBS)针对结构的无损检测技术(NDT)进行了研究,并在传统的工业无损检测技术(如X射线、超声波、磁粉等)基础上提出了相应的标准。

20世纪70年代末期发生的两起严重的结构垮塌事件显示,现场混凝土的状况对事故发生起重要的作用。但是,在NBS(Carino等,1983;Lew,1980)的调查过程中发现,既存的检测手段存在严重的缺陷。为此,NBS开始了一个长期的,针对现场混凝土检测、评价的项目。

自1983年起,NBS将研究重点放在了混凝土结构中的缺陷检测。起初,超声波脉冲回波法(Ultrasonic Pulse-Echo,UP-E)被寄予厚望。但是,由于混凝土均有不均匀性,集料与胶结物的界面、气泡、钢筋的存在都使得反射变得非常复杂,UP-E法在应用到混凝土内部缺陷检测时却遇到了无法逾越的障碍(Carino和Sansalone,1984)。

通过对各类技术手段的对比,基于应力波(后来被称作弹性波)的检测技术由于波长较长,且能够反映力学特性而被作为了技术基础(Carino和Sansalone 1984),其研究成果则由于"冲击回波法"(Impact-Echo Method)而广为人知(Sansalone和Carino,1986)。

后来,研究中心转移到了康奈尔大学(Cornell University)。在Mary Sansalone教授的指导下,IE法取得了长足的进步。1997年,Sansalone和Streett发表的著作中全面阐述了IE法的理论、室内和现场试验结果。在此基础上,20世纪90年代末期,NIST和康奈尔大学共同发布了IE法的标准草案,并于1998年成为ASTM标准[ASTM C 1383]。

此后,IE法不仅在缺陷检测,还在混凝土早期强度测试、厚度测试等方面发挥了重要的作用。

3.2 冲击回波法的理论基础

3.2.1 弹性波的传播速度

如前所述,弹性波中有各种成分波,其传播速度也各有不同。

(1)P波

弹性波的各种波中,P波速度最快,因此叫Primary Wave。然而,P波的波速不是一个定值,与传播物体的尺寸、形状以及P波波长有关。当物体的3维尺寸大于P波波长时,P波的传播速度可由下式表示：

$$L = v \cdot \frac{T}{2} \tag{3-1}$$

式中：L——距离(m)；

v——传播速度(m/s)；

T——传播时间(s)。

而当传播物体为桩、立柱等细长物体而 P 波波长较长时，其 P 波波速为 1 维速度：

$$v_{\mathrm{P1}} = \sqrt{\frac{E}{\rho}} \tag{3-2}$$

当传播物体为平板，而 P 波波长较长的场合，P 波速度为 2 维速度：

$$v_{\mathrm{P2}} = \sqrt{\frac{E}{\rho(1-\mu^2)}} \tag{3-3}$$

式中：E——材料的动弹性模量，也可以表示为 E_d；

μ——动泊松比；

ρ——密度。

容易得出 $v_{\mathrm{P1}} < v_{\mathrm{P2}} < v_{\mathrm{P3}}$ 的关系。若泊松比取为 0.20，则有：

$$v_{\mathrm{P1}} : v_{\mathrm{P2}} : v_{\mathrm{P3}} = 1 : 1.021 : 1.054$$

如前所述，P 波的传播速度不仅取决于传播物体的尺寸、形状，还取决于 P 波的波长。一般来说，波长越短的 P 波，其传播速度越接近 v_{P3}。由于超声波发信子产生的 P 波的波长比用锤打击产生的冲击波的波长要短很多，因此，在板中传播的冲击弹性波的 P 波速度比超声波的 P 波速度大约慢 3%。

此外，当 P 波中含有不同波长的成分，其波速又不相同时（称为"频散"），不同速度的波合成后会产生一个"群速度"，鉴于篇幅所限，其分析方法不做详述，感兴趣的读者可以参考相关书籍。

（2）S 波

与 P 波不同，S 波的波速与传播物体的形状、大小以及波长等均没有关系：

$$v_\mathrm{S} = \sqrt{\frac{G}{\rho}} = \sqrt{\frac{E}{2(1+\mu)\rho}} \tag{3-4}$$

式中：G——材料的剪切模量。

水或空气中不存在剪切刚性（$G=0$），因此不存在 S 波。这是流体与固体材料的重要差别。

此外，根据 P 波和 S 波的速度，还可以推算材料的弹性模量 E 和动泊松比 μ。在三维对象中，有：

$$\mu = \frac{v_{\mathrm{P3}}^2 - 2v_\mathrm{s}^2}{2(v_{\mathrm{P3}}^2 - v_\mathrm{s}^2)} \tag{3-5}$$

（3）R 波

R 波的速度 v_R 用下式表示：

$$(v_\mathrm{R}^2/v_\mathrm{S}^2)^3 - 8(v_\mathrm{R}^2/v_\mathrm{S}^2)^2 + (24 - 16v_\mathrm{S}^2/v_\mathrm{P}^2) \cdot (v_\mathrm{R}^2/v_\mathrm{S}^2) - 16(1 - v_\mathrm{S}^2/v_\mathrm{P}^2) = 0$$

对于混凝土材料，可改写成：

$$\frac{v_\mathrm{R}}{v_\mathrm{S}} = \frac{0.87 + 1.12\mu}{1+\mu} \tag{3-6}$$

表 3-1 列出了各泊松比下的不同波的速度。

各成分波的速度和泊松比的关系　　　　表 3-1

μ_d	v_P/v_S	v_R/v_S	v_P/v_R
0.50	∞	0.9554	∞
0.40	$\sqrt{6}$	0.9535	2.5689
1/3	2.0	0.9325	2.1448
0.25	$\sqrt{3}$	0.9194	1.8839
0.20	1.6330	0.9110	1.7925
0.15	1.5584	0.9002	1.7312

(4) Lame 波

对于检测对象为双侧自由的板式结构,且其厚度小于激振弹性波的波长时,会产生与上述 R 波所不同的朗姆(Lame)波。由于其产生在板形结构中,因此也被称为"板波"。

Lame 波的速度,不仅取决于材料的特性,还与波长以及厚度相关,其速度也叫相位速度,用 c 表示,有下面两种模态:

$$\frac{\sqrt{1-(c/v_P)^2}\sqrt{1-(c/v_S)^2}}{\left(1-\frac{c^2}{2v_S^2}\right)^2}=\frac{\tanh\left[\frac{\zeta H}{2}\sqrt{1-(c/v_P)^2}\right]}{\tanh\left[\frac{\zeta H}{2}\sqrt{1-(c/v_S)^2}\right]} \quad (3-7)$$

$$\frac{\sqrt{1-(c/v_P)^2}\sqrt{1-(c/v_S)^2}}{\left[1-\frac{c^2}{2v_S^2}\right]^2}=\frac{\tanh\left[\frac{\zeta H}{2}\sqrt{1-(c/v_S)^2}\right]}{\tanh\left[\frac{\zeta H}{2}\sqrt{1-(c/v_P)^2}\right]} \quad (3-8)$$

式中,$\tanh(x)=\frac{e^x-e^{-x}}{e^x+e^{-x}}$,$\zeta=\omega/c$。

上两式的左边尽管相同,但右边的分子和分母互相有个调换。与 R 波不同,Lame 波的相位速度 c 是频率 ω 的函数,不仅具有频散性,而且有无数的分支。

在实际的检测中,有以下几种情形:

(1) $\zeta\to\infty$(即波长→0)的场合

当波长很短时,弹性板引起的变形随着与板表面的距离的增加,按 exp 函数减少且板的两侧互相不影响,Lame 波为沿板的两面传播的 R 波。

(2) $\zeta\to 0$(即波长→∞)的场合

①当在表层中弹性板粒子的上下方向的振幅 W 要远小于水平方向的振幅 U 时,主变形成分 U 为 Z 的偶函数,而 W 为关于中心轴的奇函数[图 3-1a)],其模态也称为"伸缩型",此时板波的波速趋近于 P 波波速。

②在表层中弹性板粒子的上下方向的振幅 W 要远大于水平方向的振幅 U 时,其大体形状如图 3-1b)所示,其模态也称为"屈曲型",此时板波的波速则趋近于 0。

图 3-2 显示了在屈曲型中相位速度 c 与波长的关系。v_R 表示表面波速度,H 表示板厚度,L 表示 Lame 波的波长。$0.5\leq H/L\leq 1$ 时,Lame 波的相位速度变化缓慢。$H/L<0.5$ 的场合,Lame 波的相位速度急剧降低。

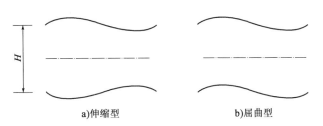

图 3-1 弹性板中 Lame 波的模态

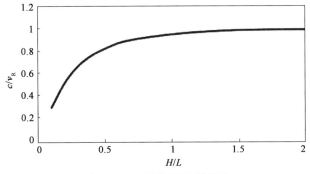

图 3-2 Lame 波的理论频散曲线

3.2.2 波的衰减

从振源发振的弹性波,伴随传播而衰减(图3-3)。主要衰减如下:

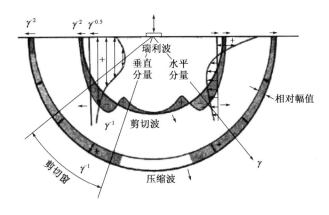

图 3-3 弹性波的传播及衰减

(1) 几何衰减(又叫扩散衰减)

激发的弹性波伴随传播距离的增加,前锋波面增大,单位面积的能量减小。体波(P波以及S波)的传播是圆球状扩散,由于球面积与半径(传播距离)的平方成正比,所以能量密度与传播距离的平方成反比。另一方面,R波(瑞利波)的传播是沿圆柱状(圆柱的高度大约相当于1倍波长)扩散,其表面积与传播距离反比,因此其衰减要比体波慢得多。

所以,在半无限结构物表面激发的弹性波在沿物体表面传播过程中,其体波成分衰减得很快,一定距离后,主要成分被 R 波所占据。

(2)透过衰减

当弹性波在传播过程中遇到不同材料的场合,有反射或重复反射产生,从而使得传播的能量减少。

(3)黏滞性衰减

当材料不是完全弹性体时,由于黏滞性的存在,也会引起能量的衰减。如果用振幅,可以表示如下:

$$A = A_0 e^{-\alpha(\omega)r} \tag{3-9}$$

式中:A_0——基准点的振幅;

$\alpha(\omega)$——反映黏性衰减的指数,$\alpha(\omega) = \omega/2Qc$;

r——与基准点的距离;

ω——圆频率;

c——波的传播速度;

Q——材料黏性衰减特性的常数,其值越小说明材料的衰减也越大。

由上式可以看出,弹性波的频率越高,其黏性衰减越大,而且与频率呈指数关系。

综合以上,可以得到:

$$A = \frac{A_0 \cdot r_0 \cdot e^{-\alpha(\omega)r}}{r} \tag{3-10}$$

即:

$$\alpha(\omega) = \frac{1}{r}\left(\ln A_0 + \ln \frac{r_0}{r} - \ln A\right) \tag{3-11}$$

3.2.3 弹性波的反射特性

弹性波在异种介质的边界面会引起反射,而这种反射正是各种检测所需的。

3.2.3.1 在两种介质垂直入射的情况

为了便于分析,在此仅考虑一维反射的情况。

考虑激振后向下传播的弹性波粒子的位移:$u(x,t) = f(x - ct)$

若令 $\zeta = x - ct$,则粒子的运动速度 $v(x,t)$ 为:

$$v(x,t) = \frac{\partial u(x,t)}{\partial t} = \frac{\partial u(x,t)}{\partial \zeta} \cdot \frac{\partial \zeta}{\partial t} = -c\frac{\partial u(x,t)}{\partial \zeta} \tag{3-12}$$

同时,传播的弹性波引起的压力 $p(x,t)$ 则可以表示成:

$$p(x,t) = EA \cdot \frac{\partial u(x,t)}{\partial x} = EA \cdot \frac{\partial u(x,t)}{\partial \zeta} \cdot \frac{\partial \zeta}{\partial x} = EA \cdot \frac{\partial u(x,t)}{\partial \zeta} \tag{3-13}$$

结合上述两式,考虑到 $c = \sqrt{\frac{E}{\rho}}$,经整理后可得:

$$p(x,t) = -\rho c A \cdot v(x,t) \tag{3-14}$$

当弹性波遇到截面变化或者材质变化时,其反映在机械阻抗(一般用 z 来表示材料的机械阻抗,$z = \rho c A$,这里的 A 是截面面积)的变化。在机械阻抗发生变化的界面上,传播的弹性波会产生波的反射和透过(图3-4)。

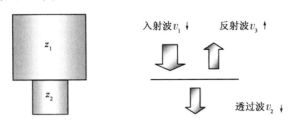

图3-4 变化的机械阻抗面发生的反射和透过

图3-4中,v_1和v_3表示单元1的粒子入射和反射的运动速度($v = \partial u/\partial t$),$v_2$表示单元2的粒子的运动速度,↑、↓表示上行和下行。在界面上,物体内由于弹性波产生的压力和粒子速度仍然保持连续,即:

$$\begin{cases} p_1 + p_3 = p_2 \\ v_1 + v_3 = v_2 \end{cases} \tag{3-15}$$

若仅考虑一维情况(x方向),压力p可以表示为:

$$p = EA\varepsilon = EA\frac{\partial u}{\partial x} \tag{3-16}$$

经过整理,可得:

$$p = -z \cdot v \tag{3-17}$$

反射波:

$$v_3 \uparrow = \frac{z_1 - z_2}{z_1 + z_2} v_1 \downarrow \tag{3-18}$$

透过波:

$$v_2 \downarrow = \frac{2z_2}{z_1 + z_2} v_1 \downarrow \tag{3-19}$$

此外,反射波和透过波的大小用振幅率来表示。

振幅反射率:

$$R = \frac{|z_1 - z_2|}{z_1 + z_2} \tag{3-20}$$

振幅透过率:

$$T = \frac{2z_2}{z_1 + z_2} \tag{3-21}$$

弹性波的反射和透过具有如下性质:
(1)媒介的机械阻抗相同($z_1 = z_2$),那么就算材料不同,也不会产生波动。
(2)两种媒介的机械阻抗相差越大,反射率也越大。
(3)在裂缝或缺陷处,以及桩、柱、杆的端部机械阻抗减少($z_1 > z_2$)时,反射波和入射波符号相同(相位相同)。

典型材料的阻抗参数如表3-2所示。

典型材料的阻抗参数 表 3-2

阻抗参数	空气	水	土、岩石	混凝土	铁
密度(kg/m^3)	1.0	1000	1800~2500	2400	7800
波速(m/s)	340	1450	300~5000	3000~4500	5300
阻抗[$\times 10^6 kg/(m^2 \cdot s)$]	0.00034	1.45	0.54~12.5	7.2~10.8	41.3

3.2.3.2 中间有不同夹层的情况

当一种材料中夹有另一种材料,例如有裂缝的场合,在介质 1($z_1 = \rho_1 v_1 A_1$)和介质 2($z_2 = \rho_2 v_2 A_2$)的两个交界处均会产生透过和反射,如图 3-5 所示。

图 3-5 夹入不同的介质时弹性波的反射

$$|T| = \frac{2z_1 z_2}{\sqrt{4z_1^2 z_2^2 \cos^2(k_2 L) + (z_1^2 + z_2^2)^2 \sin^2(k_2 L)}} \quad (3-22)$$

式中:T——振幅的透过率(绝对值);

k_2——介质 2 中的波数,$k_2 = \omega/v_2$;

L——介质 2 的长度。

同样,可以得到振幅反射率的绝对值 R:

$$R = \sqrt{1 - T^2} \quad (3-23)$$

因此,在有不同介质介入的场合下:

(1)反射(通过)率与频率相关,通常高频波容易反射。

(2)在特定的频率下,反射波消失。

现以混凝土强度等级为 C50,脱空层厚度分别为 0.01mm、0.1mm、1mm、10mm 为例,计算出的不同激振频率在不同脱空厚度下的反射率,如图 3-6 所示。

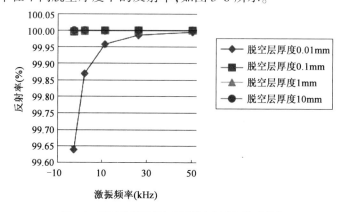

图 3-6 不同激振频率在不同脱空厚度下的反射率

由此可见,即使脱空层厚度低至0.01mm,弹性波的反射率也高达99%以上。但是,当脱空面相互有接触时,弹性波可以从接触的位置透过,其反射率则会大幅降低。

3.2.4 其他传播性质

弹性波在传播过程中,还会遇到折射、叠加、干涉以及衍射等现象。

(1) 折射

当弹性波以一个角度斜射入介质2时,也会发生反射和透过。由于介质1和介质2的机械阻抗不同,反射波和透过波的方向都会发生改变,其中,透过波就称为折射波(图3-7)。

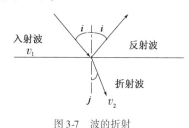

图3-7 波的折射

其中,反射角与入射角 i 相同,而折射角 j 与入射角 i 的关系则为:

$$\frac{v_1}{\sin(i)} = \frac{v_2}{\sin(j)} \quad (3-23)$$

当 j 为90°时,折射波沿界面传播。对于弹性波,当斜向入射时,反射波和折射波都会发生一定的变化。当P波入射时,反射和折射波不仅有P波,还有SV波。其波速与入射角的关系为:

$$\frac{v_{P1}}{\sin(i)} = \frac{v_{S1}}{\sin(i_S)} = \frac{v_{P2}}{\sin(j_P)} = \frac{v_{S2}}{\sin(j_S)} \quad (3-24)$$

当SV波斜向入射时,反射和折射波中也包含P波和SV波成分。此外,SH波斜向入射时,其反射和折射波中仅有SH波。

(2) 波的叠加与干涉

在一个介质中传播的几个波,如果同时达到某一质点,那么,该质点的振动就是各个波在该点所引起振动的合成。在任一时刻,各质点的位移是各个声波在这一质点上引起的位移的矢量和,这就是波的叠加原理。叠加之后,每一个波仍保持自己原有的特性(频率、波长、振动方向等)及传播的方向继续前进,因此波的传播是独立进行的。

当两个频率相同,振动方向相同,相位相同或相位差恒定的波动在介质某些点相遇后,会使一些点处的振动始终加强,而在另一些点处的振动始终减弱或完全抵消,这种现象称为干涉现象,这两束波为相干波,它们的波源称为相干波源。

干涉现象是波动的重要特性,是造成波场呈现较为复杂分布的原因,尤其在离振源较近的近场区内,干涉给检测带来很大的困难。

(3) 波的衍射和惠更斯原理

当波在弹性介质中传播时,如果遇到障碍物或其他不连续的情况,而使波阵面发生畸变的现象,称为波的衍射。

如图3-8所示,当一个任意形状的波,在传播过程中遇到一个障碍 AB,AB 上有一个宽度为 a 的狭缝,且当 a 的大小与波长相当时,可以看到穿过狭缝的波是以狭缝为中心的圆形波,与原来的波阵面无关。这说明狭缝可以看作新的波源。波前上的所有点,都可以看作产生球面子波的点源。经过一段时间后,该波前的新位置是与这些子波波前相切的包迹面。这一原理称为惠更斯原理(图3-9)。

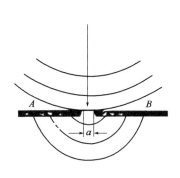 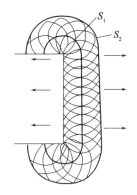

图 3-8　障碍物的狭缝　　　　图 3-9　按惠更斯原理画出的新的波源

惠更斯原理不仅适用于机械波,而且适用于电磁波。它用几何方法比较广泛地解决了波的传播问题。

3.3　冲击回波法的测试

IE 法的成功之一在于其可以用机械或人工的方式激振出较大的能量。最早的 IE 法可以追溯到岩土工程中的混凝土基桩完整性检测(Steinbach 和 Vey,1975),也被称为声波回波法(Sonic-Echo)或地震回波法[Seismic-Echo(ACI 228.2R)]。

由于基桩长度较长,激发信号与回波信号之间有较长的时间间隔,因此容易分离。另一方面,针对混凝土板等结构,其厚度较薄,激发信号与回波信号往往交织在一起,无法在时域上进行分离。为此,利用傅里叶变换法(Fast Fourier Transform,FFT)等频谱分析手段对回波信号进行分离则是 IE 法的精髓所在。IE 法的基本概念如图 3-10 所示。

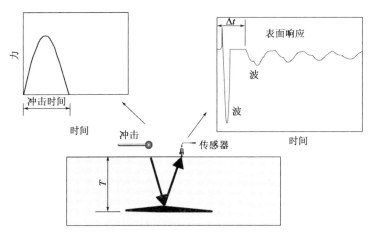

图 3-10　IE 法的基本概念

在结构表面激发的冲击弹性波以 P 波和 S 波的形式传播到结构内部,而 R 波则沿结构的表面向外传播。其中,P 波和 S 波在遇到内部缺陷时会产生反射,而当传感器与激发点位置较近时,P 波占据了回波的主要成分(Sansalone 和 Carino,1986)。

因此,可按照图 3-11 的方法进行回波时间的计算。其中,c_{pp} 为结构中沿厚度方向传播的 P 波的波速。根据 Lin 和 Sansalone(1997)的研究成果,$c_{pp} = 0.96 v_{p3}$。

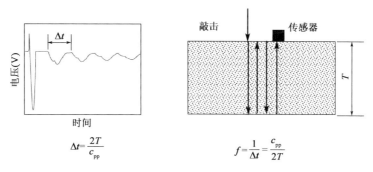

图 3-11　IE 法中回波传播时间的计算方法

3.4　冲击回波法的检测能力

IE 法的检测能力(即能够检出的最小缺陷尺寸)与下面的因素相关:

(1)缺陷的类型和方向

最容易检测的是平行于激振面的空洞和连续性缺陷(如脱空)。至于蜂窝等不连续缺陷,尽管也可以检测,但检测精度有所降低。

(2)缺陷的深度

根据 Sansalone 和 Streett(1997)的研究成果,缺陷的尺寸 d 和深度 T 与缺陷的关系如下(图 3-12):

① 当 $d/T \leqslant 0.3$ 时,难以检出缺陷的存在;
② 当 $0.3 < d/T < 1.5$ 时,可以检出缺陷及底板;
③ 当 $d/T \geqslant 1.5$ 时,可以检出缺陷,但无法检出底板(相当于缺陷无限大)。

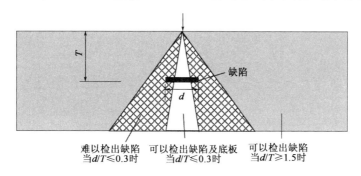

图 3-12　IE 法中检出能力与深度的关系

(3)冲击时的接触时间

冲击时的接触时间与激发弹性波的波长有密切的关系,接触时间越长,弹性波的波长也越长。根据 Sansalone 和 Carino(1986)以及 Abraham 等(2000)的研究成果,当采用 FFT 分析时,接触时间小于 P 波在缺陷处往复时间的 0.75 倍时,可以明确地检测。

3.5 冲击回波法检测时的注意事项

IE 法在实际应用过程中,存在一个大的问题,即在测试信号中存在多种成分的频谱(图 3-13):

(1)打击的冲击信号以及敲击引起的部分自由振动。
(2)壁的振动(板振动或弯曲振动)。
(3)壁底部或缺陷处的反射信号(又叫纵波共振)。

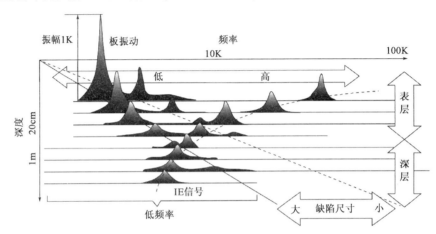

图 3-13　IE 法中存在的多种成分频谱

其中,第 3 项是有效的信号,是抽出的对象,即 IE 信号。其他 2 项,是频谱解析误差的原因,需要除去。各种成分频谱有以下特点:

(1)弯曲共振在缺陷比较浅(壁厚比较薄)的地方易产生低频,而在缺陷比较深的地方可引起高频。此外,处在相同深度的缺陷,缺陷尺寸越大,弯曲共振频率越低。

(2)纵波共振则相反,缺陷浅的部分(壁厚薄)的反射信号频率高,而在缺陷深的部分反射频率低。

(3)缺陷越浅、壁厚越薄,弯曲共振就越卓越。

此外,激振锤对上述各成分频谱的影响也有很大的不同:

(1)激振锤越大,自由振动的频率越低。
(2)激振锤越大,板振动的频率有降低的趋势,但不如自由振动频谱明显。
(3)激振锤的大小与纵波共振的频谱关系不大。

因此,通过改变激振锤的大小,对降低干扰、提高检测精度是很有作用的。但是,不同的激振锤在激振时,由于其激振信号(冲击信号,见图 3-14)本身的频率变化,使得在频谱分析中也会产生相应的区别。因此,在实际的频谱分析中应有所注意。

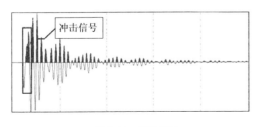

图 3-14　冲击信号

图 3-15 表明,对冲击信号是否修正对频谱分析的结果还是有一定的影响。

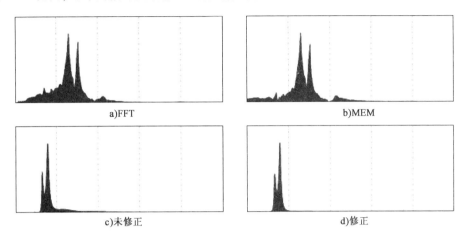

图 3-15 分析频谱

注:FFT 为傅里叶变换法,MEM 为最大熵法。

第4章　压浆密实度定性检测

4.1　检测方法

利用锚索两端露出的钢绞线进行测试,测试效率高。

由于空洞等缺陷通常发生在孔道的上方,因此通常只需测试最上方的钢绞线即可。在一次测试过程中,可同时完成全长衰减法(FLEA法)、全长波速法(FLPV法)、传递函数法(PFTF法)、波形特征对比法四种方法的测试。为了提高检测精度,需要在钢绞线的两端分别激振和接收。一般情况下,完成一个孔道的测试时间在5min左右。冲击弹性波定性检测如图4-1所示。

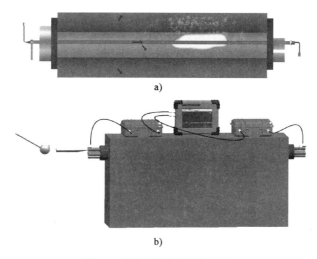

图4-1　冲击弹性波定性检测示意

4.1.1　全长衰减法(FLEA法)

如果孔道压浆密实度较高,则能量在传播过程中逸散越多,衰减大,振幅比小。反之,若孔道压浆密实度较低,则能量在传播过程中逸散较少,衰减小、振幅比大。全长衰减法测试如图4-2所示。

4.1.2　全长波速法(FLPV法)

通过测试弹性波经过锚索的传播时间,并结合锚索的距离计算出弹性波经过锚索的波速。通过波速的变化来判断预应力管道压浆密实度情况。一般情况下波速与压浆密实度有相关性,随着压浆密实度增加波速逐渐减小,当压浆密实度达到100%时,测试的锚索的P波波速接近混凝土中的P波波速。全长波速法测试如图4-3所示。

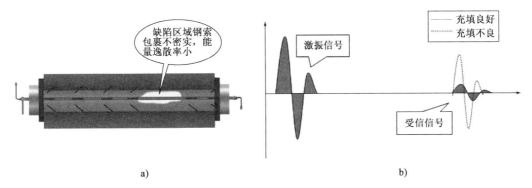

图4-2 全长衰减法测试示意

该方法最早由日本学者镰田敏郎教授于2001年提出,尽管存在理论基础不严密等诸多问题,但其作为一种较为直观的测试方法,特别是在测试压浆密实度时,仍然有一定的应用价值。因此,本书作者对测试理论进行了研究。

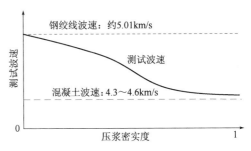

图4-3 全长波速法测试示意

基于等效模量的方法,压浆密实度 S_r 与测试波速 v 的关系可以表达为:

$$S_r = \frac{A_s \rho_s (v_s^2 - v^2)}{\zeta (A - A_s) \rho_g (v^2 - v_g^2)} \quad (4-1)$$

式中:A_s、A——孔道中钢绞线的面积和孔道的面积;

v_s、v_g——钢绞线和压浆料中弹性波的波速,其中,v_s 取 5.01km/s,v_g 则应通过试块加以测试;

ρ_s、ρ_g——钢绞线和压浆料的密度,分别可取 7800 和 2400kg/m³;

ζ——修正系数,反映孔道壁(PVC 或铁皮)以及周围混凝土的影响,可通过压浆饱满孔道($S_r = 1$)的实测波速 v_f 来标定:

$$\zeta = \frac{A_s \rho_s (v_s^2 - v_f^2)}{(A - A_s) \rho_g (v_f^2 - v_g^2)} \quad (4-2)$$

代入式(4-1),又可以得到:

$$S_r = \frac{(v_s^2 - v^2)(v_f^2 - v_g^2)}{(v_s^2 - v_f^2)(v^2 - v_g^2)} \quad (4-3)$$

因此,只要能够实现测出 v_f 和 v_g,即可容易地得到压浆密实度。此外,当 $v_g > v_f$ 时,ζ 取 1。

在此,作者利用一套典型参数进行了计算。v_g 取 4.30km/s 和 4.45km/s(ζ 取 1),v_f 分别取 4.35km/s、4.40km/s。

从图4-4中可以看出,压浆密实度在0%~40%时,测试波速明显提高。但当压浆密实度超过40%以后,波速的变化就非常缓慢。换言之,FLPV法仅对压浆密实度很低的工况有效,这一点要特别引起注意。

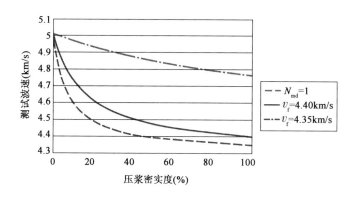

图 4-4 全长波速法计算示例

4.1.3 传递函数法（PFTF 法）

在孔道的一端钢绞线上用敲击锤激振，另一端接收信号时，如果端头附近存在不密实情况，会使振动的频率发生变化。因此，通过对比受信信号与激振信号相关部分的频率变化，可以判定锚头两端附近的缺陷情况。传递函数法的测试概念如图 4-5 所示。

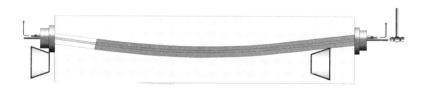

图 4-5 传递函数法的测试概念

受到张拉的钢绞线，其第 1 阶自振频率 f_1 可以由下式得到：

$$f_1 = \frac{1}{2L}\sqrt{\frac{T}{\rho}} \tag{4-4}$$

式中：L——参与振动的钢绞线的长度；

T——钢绞线的张力；

ρ——参与振动的钢绞线 + 压浆体的线密度。

在张力一定的情况下，压浆缺陷对频率的影响可归纳在表 4-1。

压浆缺陷对频率的影响因素　　　　表 4-1

指标		缺陷截面积增加	缺陷长度增加
自振频率	变化趋势	增加	降低
	变化幅度	大	小

由此可见，压浆缺陷的截面积、长度对自振频率的影响是截然相反的，因此，只要测试得到的频率有明显的变化，就说明在端头附近存在缺陷的可能性较大。同时，由于在外露钢绞线上激振和测试，其诱振范围较小，缺陷长度的影响也相对较小。因此，在大多数情况下，端头缺陷的存在使得钢绞线的自振频率增加。

此外,该方法测试的区域(锚头附近的钢绞线),恰恰是定位测试冲击回波等效波速法(IEEV法)较为困难的测试区域。

4.1.4 波形特征对比法

在预应力孔道端部存在不密实区域时,接收到的弹性波首先为经钢绞线传来的信号,然后接收到经周围混凝土传来的信号,两者之间有一定的时间差。另外,端部压浆密实时,两者信号较为接近,不易分辨(图4-6)。

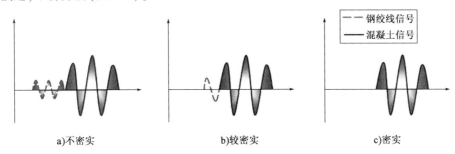

a)不密实　　　　　　　　b)较密实　　　　　　　　c)密实

图4-6　接收端附近压浆密实度波形特征对比法示意

上述各定性测试方法各有特色,尽管测试原理不同,但测试方法完全一样。因此,根据一次的测试数据可以同时得到3种方法的测试结果(表4-2)。

压浆密实度定性测试评定方法的测试结果　　　　表4-2

评定方法	优点	缺点
全长衰减法(FLEA法)	测试原理明确,对压浆缺陷较为敏感	测试结果离散性较大,影响因素多
全长波速法(FLPV法)	测试结果较为稳定,适合测试大范围缺陷	测试原理不严密,对缺陷较为钝感
传递函数法(PFTF法)	能够测试锚头附近的压浆缺陷,解析方便	测试范围较小

4.2 压浆质量评定

4.2.1 压浆指数

为了定性测试的结果定量化,作者引入了综合压浆指数I_f。当压浆饱满时,$I_f = 1$,而完全未压浆时,$I_f = 0$。因此,若在此区间采用线性插值,则上述各方法可得到相应的压浆指数I_{EA}、I_{PV}和I_{TF}。同时,综合压浆指数可以定义为:

$$I_f = (I_{EA} \cdot I_{PV} \cdot I_{TF})^{1/3} \tag{4-5}$$

式中:I_{EA}——根据FLEA法得到的分项压浆指数;

I_{PV}——根据FLPV法得到的分项压浆指数;

I_{TF}——根据PFTF法得到的分项压浆指数。

只要某一项的压浆指数较低,综合压浆指数就会有较明显的反应。通常,压浆指数大于0.95一般意味着压浆质量较好,而压浆指数低于0.80则表明压浆质量较差。

此外,压浆指数根据基准值而自动计算(表4-3),因此,基准值的选定非常重要。不同形式的锚具、梁的形式以及孔道的位置会对基准值产生影响,所以在条件许可时,进行相应标定或通过大量测试并结合数理统计的方法来确定基准值是非常理想的。

压浆指数的基准值 表4-3

评定方法	项目	全压浆时值	无压浆时值
全长波速法	波速(km/s)	混凝土实测波速③	5.01④
全长衰减法	能量比①	0.02	0.20
传递函数法	频率比(F_r/F_s)②	1.00	3.00
	激振频率 F_s(kHz)	2.0	4.0

注:①能量比 x 可按下式计算:

$$x = \frac{A_r \cdot L}{A_s \cdot L_0} \tag{4-6}$$

式中:A_r、A_s——接收端和激振端信号的振幅(m/s²);

L——孔道长度(m);

L_0——孔道长度基准值(m),一般可取10m。

②F_r、F_s 分别是接收端和激振端信号的卓越频率(kHz)。在此,采用预应力混凝土梁多功能检测仪 SPC-MATS 配置的激振导向器和 D50 锤激振而且充分张拉时的数值。

③梁不同部位的混凝土的 P 波波速有一定的不同。

④根据钢绞线的模量(196GPa)推算,并结合实际测试验证。

4.2.2 压浆质量评定

根据检测经验,综合定性压浆指数 $I_f < 0.80$,有较大的压浆质量缺陷;$I_f > 0.95$,压浆质量较好。而在中间区间($0.80 \leq I_f \leq 0.95$),则难以准确判定。因此,该区间应谨慎判定合格,宜待评定,即宜进行局部定位检测,再根据定位检测相关评定方法进行评定。

4.3 适用范围

定性检测涉及四种基于不同原理的分析方法,四种分析方法各有特点,其适用范围和条件形成互补(表4-4)。FLPV 法仅对压浆密实度很低的工况有效,而 FLEA 法对压浆密实度较高的孔道较为适宜,两者形成互补,同时提高了定性检测的适用范围。PFTF 法对孔道两端压浆密实度的检测具有较大的实际意义,但钢绞线的张力、自由段长度等的影响在实际检测中应予以考虑。

定性检测适用范围和条件一览表 表4-4

梁型/预制/现浇	结构条件			管道/端头条件		压浆料
	长度	厚度/板位置		孔径/位置/材质	端头	
不限	宜在50m以内	不限		不限	露出	硬化

定性检测宜用于孔道压浆事故(如漏灌、孔道堵塞造成大面积空管等)的普查,不可用

于检测小范围缺陷和确定缺陷位置。定性检测宜用于梁体两端钢绞线露出的纵向、横向预应力孔道,波纹管长度不宜大于 50m,大于 50m 的梁需要专门研究或变更为定位检测的方式。

4.4 影响因素

梁的长度在 150m 范围内且锚头尚未封闭的预制梁或现浇梁,可采用定性方法测试压浆密实度。然而,在定性测试中梁的长度、钢绞线外露长度、钢绞线位置的偏移、压浆料的龄期、基准波速的确定、孔道的位置,对测试结果精度有一定的影响。

在定性测试中主要有以下方面的影响因素:

(1) 梁的长度

根据验证试验的结果,梁长小于 50m 时,对 FLEA 法、FLPV 法、PFTF 法等测试精度不会产生明显的影响。超过此长度时,各方法的测试精度均有所降低。因此:

①当梁长度小于 50m 时可采用各方法;

②当梁长度介于 50~150m 范围内,仅全长波速法(FLPV 法)适合测试;

③当梁长度超过 150m 时,不宜采用定性测试方法。

(2) 钢绞线外露长度

定性测试时应要求孔道锚头端露出钢绞线长度控制在 3~5cm 范围内,最长不能超过 10cm。当外露钢绞线超过 10cm,仅全长波速法(FLPV 法)适合测试,并建议进行标定试验。

(3) 钢绞线位置的偏移

在定性测试时,一般对最上方的钢绞线进行测试。在施工时如果钢绞线发生扭转,测试的钢绞线可能不是同一根钢绞线,会造成测试的误差。但由于激振产生的弹性波信号可以在钢绞线中相互传递,从实际的测试效果来看,其影响并不显著。

(4) 压浆料的龄期

定性测试时,如果压浆料的龄期过短,压浆料尚未充分硬化,会给检测结果带来一定的误差。相关行业规程中对压浆料的龄期也有相应的要求,例如,住建部的《锚杆锚固质量无损检测技术规程》(JGJ/T 182—2009)要求龄期在 7d 以上,而国家能源局的电力行业标准《水利水电工程锚杆无损检测规程》(DL/T 5424—2009)则要求龄期在 3d 以上即可。鉴于此,当施工场地阳光充沛(如夏季),压浆料龄期需达到 3d 以上;当施工场地阳光不充沛(如冬季),压浆料龄期需达到 7d 以上。

(5) 基准波速的确定

在 FLPV 法中,基准波速的确定是至关重要的。从理论上,该波速应该是压浆料与混凝土的混合体中传播的弹性波的波速。由于该波速难以直接确定,一般可以用测试管道位置附近的混凝土波速来代替。

(6) 孔道的位置

孔道位置对定性测试的各方法均有一定的影响,应尽量用同位置的孔道进行比较。

4.5 工程验证

4.5.1 模型验证

4.5.1.1 模型梁验证

(1)对浙江富阳境内的某模型梁进行定性测试(图4-7),模型中孔道的压浆率分别为25%、50%、75%和100%。主要测试了定性检测中全长波速法(FLPV法)和全长衰减法(FLEA法)的测试精度及相关的基准指标。

图4-7 模型及测试情景

图4-8为基于试验的全长波速法和全长衰减法的实测结果。

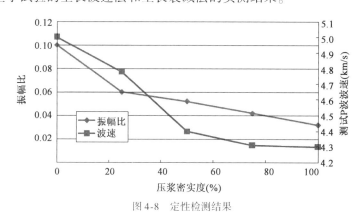

图4-8 定性检测结果

从图4-8中可以得出如下结论:

①随着压浆密实度的提高,测试得到的振幅比和P波波速均逐渐降低,因此全长衰减法和全长波速法均可以适用。

②在全长衰减法中,压浆密实度在50%~100%范围内,其振幅比的变化较为均匀,因此,其对压浆密实度较高的孔道较为适宜。

③在全长波速法中,压浆密实度在50%~100%范围内,其测试结果变化不大。而在压浆

密实度较低的情况下,测试得到的 P 波波速急剧增大。因此,全长波速法更加适用于检测压浆密实度较低的孔道。

综上所述,结合全长波速法(FLPV 法)和全长衰减法(FLPV 法)是非常理想的。

(2)对九江大桥某标段预应力 T 梁模型进行检测,并对检测结果进行破损验证。模型设计尺寸为 10.0m×1.6m×(0.2~0.5)m,设计混凝土强度等级为 C50,有部分管道设置了缺陷。其中 N1、本次测试为验证性的测试,测试前不知道缺陷的具体布置情况。定性测试结果见表 4-5。

定性测试结果(全体) 表 4-5

方法	项目	波纹管编号				
		N1	N2	N3	N4	N5
全长波速法	波速(km/s)	4.476	4.433	4.446	4.530	4.598
	压浆指数 I_{PV}	0.960	1.0	1.0	0.877	0.717
全长衰减法	能量比	0.138	0.057	0.147	0.229	0.060
	压浆指数 I_{EA}	0.344	0.795	0.294	0	0.778
综合压浆指数 I_f		0.575	0.892	0.542	0	0.879

注:标定的混凝土中 P 波平均波速为 4.45km/s,为全长波速法的基准值。

N3、N5 为铁皮波纹管,N2、N4 为塑料波纹管。测试模型外观如图 4-9 所示。

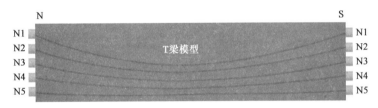

图 4-9 测试模型外观图

根据定性测试结果,波纹管 N1、N3、N4 的综合压浆指数均小于 0.85,存在压浆缺陷的可能性较大。

(3)对中铁四局长临河制梁场某单孔道预应力实验梁,进行定性检测(图 4-10)。该模型梁共有 3 片。模型梁的设计尺寸为 4.0m×0.51m×0.51m,孔道直径为 8cm,设计混凝土强度等级为 C50。对每根梁进行定性测试。对每个孔道的定性测试耗时约 5min。

图 4-10 测试场景

定性测试结果见表4-6。

定性测试结果(全体) 表4-6

方　　法	项　　目	钢　绞　线		
		1号	2号	3号
全长波速法	波速(km/s)	4.134	4.221	4.385
	压浆指数 I_{PV}	1.00	1.00	0.80
全长衰减法	能量比	0.055	0.089	0.018
	压浆指数 I_{EA}	0.81	0.62	1.00
传递函数法	F_0(kHz)	1.549	1.563	1.538
	F_1(kHz)	1.488	1.719	4.319
	频率比(F_r/F_s)	0.961	1.110	2.808
	压浆指数 I_{TF}	1.00	0.95	0.096
综合压浆指数 I_f		0.932	0.838	0.425

表4-6中,红色数字表示异常,说明有可能存在不密实现象。标定的混凝土中P波平均波速为4.23km/s,为全长波速法的基准值。根据定性测试结果,可以得出:

①1号梁压浆质量最好,2号、3号梁较差;

②3号梁锚头附近有明显的压浆缺陷。

而设计中,1号梁无预埋缺陷,2号、3号梁则有相应的预埋缺陷。

(4)对云南航天工程物探检测公司某项目标段某片试验梁进行现场测试。该试验梁设计尺寸为10.0m×0.4m×0.9m(长×宽×高),设计混凝土强度等级为C50。内部固定有不同大小的人工设计缺陷。同时试验梁内部布置有4根外径为70mm的SBG塑料波纹管,波纹管内部有5束预应力钢绞线,压浆料为不低于40MPa的水泥浆。

对检测出的大缺陷位置进行了钻孔穿丝验证,发现该部位确实存在不密实现象,几乎没有压浆料。检测出来缺陷位置,与现场穿铁丝验证结果几乎一致,准确率达到90%以上。测试对象如图4-11所示。管道位置如图4-12所示。定性检测结果如表4-7所示。

图4-11　测试对象

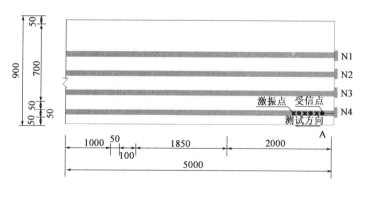

图4-12　管道位置图(尺寸单位:mm)

定性检测结果一览表 表 4-7

波纹管编号		N1		N2		N3		N4	
钢绞线		1号	2号	1号	2号	1号	2号	1号	2号
全长波速法	测试结果	4.321	4.351	4.398	4.386	4.360	4.387	5.023	5.009
	压浆指数	1.000	1.000	1.000	1.000	1.000	1.000	0.000	0.001
全长衰减法	测试结果	0.052	0.078	0.063	0.111	0.052	0.051	0.005	0.003
	指数	0.824	0.676	0.762	0.496	0.821	0.827	1.000	1.000
传递函数法指数		0.651	1.000	1.000	1.000	0.864	0.932	0.757	0.430
综合压浆指数		0.812	0.878	0.913	0.791	0.892	0.917	0.000	0.081
平均压浆指数		0.845		0.852		0.905		0.041	

从表 4-7 中,可以得出:

①N4 管的平均压浆指数最低,判定为压浆极不密实,经验证为空管;

②N3 压浆质量最好,N2、N1 有局部缺陷。

4.5.1.2 模型板验证

对位于江苏盐城响水县的 3 块模型板进行测试。板结构为长 2m,厚 0.26cm,波纹管(塑料)直径设置为 0.85cm、0.7cm 不等共 9 个孔道,每个孔道中均设置有多种缺陷。

在测试过程中对模型板进行定性测试,并现场提供结果,根据结果随机对模型板进行钻孔验证。测试结果等值线图如图 4-13 所示。

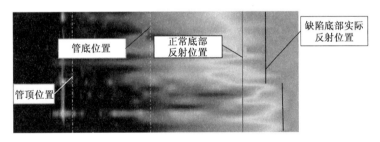

图 4-13　测试结果等值线图(2 号板 N1 孔道)

钻孔验证结果发现,孔道中仅有不到孔道直径 1/3 的压浆料,与测试结果(少许压浆料或无压浆料)完全吻合;另一处缺陷,当钻头钻至孔道壁上方时,钻头突然直接下降了一段距离,然后内部传来空响声,现场有经验的工人判断该处缺陷为无压浆料或少许压浆料,与测试结果完全一致。钻孔验证及验证结果如图 4-14 所示。

4.5.2 现场验证

4.5.2.1 预制箱梁验证

对武汉某项目两预制箱梁进行压浆密实度检测。测试结果等值线图如图 4-15 所示。结果显示,某梁 N3 孔道 CH1 端压浆指数较低,仅为 77.8%,且其传递函数法 CH1 端的压浆指数仅为 67.3%,故怀疑其孔道端部附近存在缺陷区域。钻孔情形如图 4-16 所示。

a) 钻孔验证场景

b) 钻孔验证结果

图 4-14　钻孔验证及验证结果

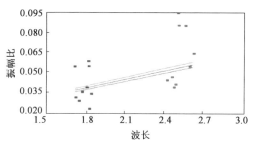

图 4-15　测试结果等值线图

图 4-16　钻孔场景

根据测试结果,现场在 0.6~0.8m 的区域内开了 3 个窗口进行验证,发现 0~0.8m 前的区域不密实,存在缺陷,同时 0.8m 的区域后部有浆,相对密实。此外,对定性检测结果密实的 N1 孔道钻孔的结果表明,压浆较好,未发现缺陷区域。

4.5.2.2　喇叭口内压浆缺陷验证

对延安境内某高速预制梁场某箱梁进行检测。通过现场数据分析得知该箱梁左 N3 孔道中 CH1 端综合压浆指数较低,通过定性测试结果(图 4-17),对各项参数进行分析发现:反映该孔道整体压浆密实度参数中的全长衰减及全长波速指数均高于 0.95,由此可判断该孔道整体压浆无大缺陷;但反映端头局部缺陷的传递函数 CH1 端指数仅为 0.51,由此可判断该孔道端头至少 0.5m 范围内存在压浆缺陷。

```
测试名称           灌浆密实度检测
输入文件名         : 3-3-zn3x

灌浆前振幅比       : 0.200          灌浆后振幅比      : 0.020
混凝土速度(km/s)   : 4.160          锚索(杆)速度(km/s) : 5.010
基准频率(KHz)      : 4.000          基准频率传播比     : 3.000

平均振幅比         : 0.028          FLEA Id.          : 0.954
Vp(km/s)           : 4.203          FLPV Id.          : 0.950

CH_S    受信C初始频率(KHz)   频率传播比      CH PFTF Id.
  0          2.718            1.849          0.961
  1          1.598            0.805          0.513

0  CH 灌浆指数 : 0.955
1  CH 灌浆指数 : 0.775
```

图 4-17　定性测试结果

因传递函数法反映区域恰好位于孔道端头的喇叭口内,该范围结构较为复杂,无法使用能精确定位的 IEEV 法。为验证测试数据的可靠及测试结果的准确性,对该波纹管端头 0.35m 位置处进行钻孔验证以及打开波纹管端头的注浆孔并向内注水,当水注到一定程度时,钻孔部位即有水流出,且再不能继续向内注入更多的水。

验证结果表明:该孔道端头确实存在严重压浆缺陷,与设备测试结果完全符合。

4.5.2.3 现浇 T 梁压浆缺陷验证

对金台铁路跨滨海大道特大桥某 T 构梁进行定性检测。测试对象为该 T 构梁 N1、N2、N3、N4、N5、N6 六个孔道,测试分别从线路小里程端、大里程端进行敲击,梁长 9m,现浇 T 构梁如图 4-18 所示。

a)被测孔道

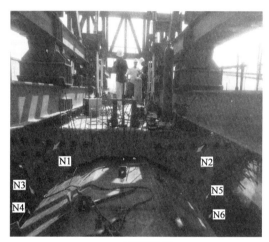
b)孔道分布

图 4-18 现浇 T 构梁

通过全体性能检测及端部性能检测,定性检测结果如表 4-8 所示。

定性检测结果汇总　　　　　表 4-8

梁板编号	孔道编号	梁端(大/小)	综合压浆指数 I_f	参考指数
0 号块 T 构梁	N1	小	0.856	$I_f > 0.95$,较好 $0.80 < I_f < 0.95$,一般 $I_f < 0.80$,较差
		大	0.979	
	N2	小	0.869	
		大	0.979	
	N3	小	0.943	
		大	1.000	
	N4	小	0.923	
		大	0.923	
	N5	小	0.963	
		大	1.000	

续上表

梁板编号	孔道编号	梁端(大/小)	综合压浆指数 I_f	参考指数
0号块 T构梁	N6	小	0.900	
		大	0.974	

注：梁端(大/小)指测试大里程/小里程。

根据检测结果分析，其中6个综合压浆指数 I_f 达到0.95以上，4个综合压浆指数 I_f 达到0.90以上，定性测试结果显示整体压浆质量较好。

第5章 压浆密实度定位检测

5.1 检测方法

5.1.1 概述

本体系基于冲击回波法(IE 法),通过侧壁或者顶(底)面激振、接收的方式,对压浆缺陷的位置、规模等进行定位测试。然而,通常的冲击回波法在检测压浆密实度时存在严重的不足,因此,作者进行了大幅的改进和扩展,开发了下列成套方法:
(1)改进 IE 法:通过改进频谱分析方法,提高了分辨力;
(2)冲击回波等效波速法(IEEV 法);
(3)冲击回波共振偏移法(IERS 法)。

5.1.2 测试原理

根据在波纹管位置反射信号的有无以及梁底端的反射时间的长短,即可判定压浆缺陷的有无和类型。改良 IE 法测试原理如图 5-1 所示。当管道压浆存在缺陷时:
(1)激振的弹性波在缺陷处会产生反射(IE 法的理论基础);
(2)激振的弹性波经过缺陷时,从梁对面反射回来所用的时间比压浆密实的地方长,其等效波速(2 倍梁厚/梁对面反射来回的时间)变慢(IEEV 法的理论基础);
(3)当激振信号产生的结构自由振动的半波长与缺陷的埋深接近时,缺陷反射与自由振动可能产生共振的现象,使得自由振动的半波长趋近于缺陷埋深(即共振偏移,IERS 法的理论基础)。

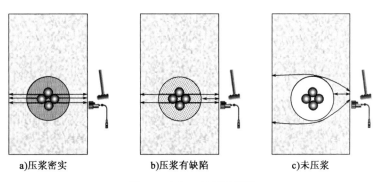

图 5-1 改良 IE 法测试原理

5.1.3 冲击回波等效波速法(IEEV法)

经实践证明,等效波速法是非常有效的方法(图5-2)。该方法包括两个部分,即:

(1)当存在压浆缺陷时,弹性波波线(或部分)传播距离增加,时间延长;

(2)采用基于相关分析的频谱分析方法,可以敏感地反映该时间的变化。

基于这两点,即使压浆缺陷仅为局部缺陷,或者测线不在缺陷的正上方也可适用。

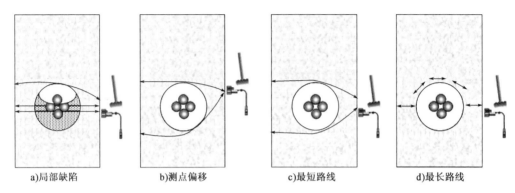

a)局部缺陷　　　b)测点偏移　　　c)最短路线　　　d)最长路线

图5-2　冲击回波等效波速法测试原理

对于位于梁中央的全空管,在其中心投影点激振,其从对向反射回来的最长和最短路径分别如下。

最长路径:
$$L_{\max} = 2H + (\pi - 2)D \tag{5-1}$$

最短路径:
$$L_{\min} = H + \sqrt{H^2 + D^2} \tag{5-2}$$

式中:H——梁厚;

D——波纹管直径。

若不考虑波纹管材质的影响,则在典型条件下,空管造成的等效波速滞后比率见表5-1。

典型条件下空管造成的等效波速滞后比率(%)　　　表5-1

径厚比 D/H	0.1	0.2	0.3	0.4	0.5	0.6
最大滞后	5.40	10.25	14.62	18.59	22.20	25.51
最小滞后	0.25	0.98	2.15	3.71	5.57	7.67
平均滞后	2.82	5.61	8.39	11.15	13.89	16.59

对于局部缺陷(如半空),测试方向的影响很大。若从上、下方向测试,半空管的反应与全空相同。而从水平方向测试,则半空缺陷造成的等效波速的滞后要小于全空。

5.1.4 冲击回波共振偏移法(IERS法)

对于通常的预应力混凝土梁(C50),各激振锤得到的弹性波自振周期见表5-2。

各激振锤得到的弹性波自振周期   表 5-2

激振锤	D6	D10	D17	D30	D50
自振周期(ms)	0.021	0.034	0.058	0.103	0.172
对应反射深度(m)	0.041	0.069	0.117	0.206	0.344

因此,在孔道上面测得的自振周期与压浆密实部位或混凝土中测得的自振周期有所变化,且其对应反射深度与孔道埋深接近时,表明孔道压浆有缺陷。冲击回波共振偏移法测试原理如图 5-3 所示。

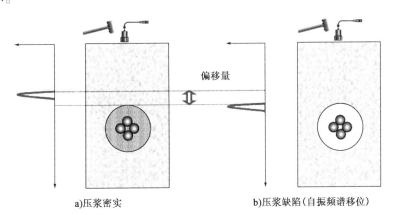

图 5-3　冲击回波共振偏移法测试原理

当测试结构较厚,难以采用等效波速法时,可采用本方法。其中,激振锤的选取十分重要,应尽量选取与孔道埋深相对应的激振锤,使得激发的弹性波频率与孔道的反射频率相近却又不完全相同,此时的测定效果最为理想。

5.2　压浆质量评定

5.2.1　压浆缺陷类型及规模的识别

研究表明,不同类型和不同规模的缺陷对结构耐久性和整体性的影响是不同的:

(1)疏松型缺陷对结构的耐久性和整体性的影响相对较小。但是,当缺陷处材质强度降低较大,对钢绞线的保护性能严重低下时,其对结构的不利影响接近于空洞型缺陷;

(2)当空洞型压浆缺陷与钢绞线相接触时,其对钢绞线锈蚀影响将急剧增加;

(3)当空洞型压浆缺陷接近于全空时,不仅会严重影响钢绞线的耐久性,而且对结构的整体性等多个方面都会产生不利影响。

因此,将空洞型缺陷是否与钢绞线相接触,以及其是否接近全空作为缺陷的分级是恰当的。对于通常的孔道施工,钢绞线的横截面积约为孔道横截面积的30%。考虑到形状因素,在钢绞线居中的情况下,经计算,钢绞线与管壁的距离约为管道内径的0.2倍,即1.4～1.8cm。该规模的缺陷,对于侧方向定位检测,恰好能被检出;而对于上下方向的检测,由于缺陷通常位于管道的上方,其投影宽度约为管道内径的0.8倍,容易被检出。

再根据检测技术的水平状况,将预应力压浆缺陷分为大规模缺陷和小规模缺陷两级,并根据IEEV法的底部反射波速以及波纹管壁反射信号的强弱参照表5-3确定。其中,大规模缺陷对应于本书1.3.2的D级,而小规模缺陷主要对应本书1.3.2的B、C级和部分压浆料强度严重低下的疏松型缺陷。

压 浆 缺 陷 分 级　　表5-3

管道类型	测试方向	等 效 波 速	管 壁 反 射	缺陷长度	缺陷等级
铁皮波纹管	侧向	降低5%~10%	—	≤0.4m	小规模
		降低10%以上	—	—	大规模
	上下	降低10%~15%		≤0.4m	小规模
		降低15%以上		>0.4m	大规模
塑料PVC波纹管	侧向	降低5%~10%	无明显反射	≤0.4m	小规模
			有一定反射	—	大规模
		降低10%以上	—	—	大规模
	上下	降低10%~15%	无明显反射	≤0.4m	小规模
		降低15%以上		>0.4m	大规模
		降低15%以上	有一定反射	—	大规模

5.2.2 压浆指数

采用β值和SPS值来反映测点位置的压浆质量。

5.2.2.1 β值(测点压浆密实度指数)

β为反映测点压浆质量的指数,公式定义为:

$$\beta = 1 - S_v - S_p \tag{5-3}$$

其中,当$\beta>0.5$时,表示为密实;当$0.5 \geqslant \beta > 0$时,表示为半空或小规模缺陷;当$\beta \leqslant 0$时,表示为全空或大规模缺陷。

S_v为板底部反射速度影响系数(在0~1之间),有:

$$S_v = \frac{0.5(v_{sd} - v_r)}{v_{sd}(1 - \eta_v)} \tag{5-4}$$

式中:v_{sd}、v_r——压浆密实部位和测试部位的反射波速;

η_v——反射速度基准比率,即缺陷处反射速度v_v与健全部位反射速度v_{sd}的比值:

$$\eta_v = \frac{v_v}{v_{sd}} \tag{5-5}$$

S_p为波纹管反射信号影响系数(在0~0.5之间),有:

$$S_p = \frac{0.5 A_p}{A_B \cdot \eta_A} \tag{5-6}$$

式中:A_p、A_B——波纹管、梁底部的反射信号的振幅,可由幅频曲线求得;

η_A——反射振幅基准比率,根据幅频计算的方式有所不同。

对于大多数桥梁梁板,η_v、η_A可参考表5-4取值。

η_v、η_A（MEM、增强模式）取值参考　　　　表 5-4

管 道 类 型	测试方向	径/厚比	η_v	η_A
铁皮波纹管	竖直	≥0.3	0.90	0.25
		<0.3	0.92	0.30
	水平	≥0.3	0.92	0.20
		<0.3	0.94	0.25
PVC波纹管	竖直	≥0.3	0.88	0.40
		<0.3	0.90	0.45
	水平	≥0.3	0.90	0.30
		<0.3	0.92	0.35
无管壁	竖直	≥0.3	0.88	0.40
		<0.3	0.90	0.45
	水平	≥0.3	0.90	0.30
		<0.3	0.92	0.35

注：MEM 是 Maximum Entropy Methad 的简称，意为最大熵法。

5.2.2.2　PSG 和 SPS 指标

考虑到反射波速 v_r 不仅受到压浆密实状况的影响，还与混凝土材质、波纹管本身、埋深、壁厚、弹性波波长以及缺陷类型等诸多因素有关，单凭反射波速的绝对值判断存在一定的困难。为此，引入 PSG 以及累积 PSG 指标（SPS）。第 i 点的 PSG 值为：

$$\text{PSG}_i = \frac{\frac{v_{i+1}-v_i}{v_{\text{sd}}}}{\frac{\Delta s}{H}} = \frac{(v_{i+1}-v_i) \cdot H}{v_{\text{sd}} \cdot \Delta s} \tag{5-7}$$

式中：v_i、v_{i+1}——第 i 和 $i+1$ 测点得到的反射波速；

　　　Δs——第 i 和 $i+1$ 测点的间距；

　　　H——第 i 和 $i+1$ 测点间板的设计厚度。

另外，第 N 点的 SPS 值为其前面各点 PSG 值的累积，即：

$$\text{SPS}_N = \sum_{i=1}^{N} \text{PSG}_i \tag{5-8}$$

采用 SPS 和 PSG 可以突出缺陷，减少其他因素的影响。结合 β 值，可以更准确地判定缺陷的位置和类型。

PSG、SPS 和压浆缺陷的关系如图 5-4 所示。

5.2.2.3　PSG 和 SPS 指标分析实例

图 5-5～图 5-9 是典型的 PVC 空管和压浆密实管的定量分析结果。

5.2.3　压浆质量评定

5.2.3.1　测试区间的压浆质量

测试区间采用压浆密实度指数 D 作为定位检测的评定指标，有：

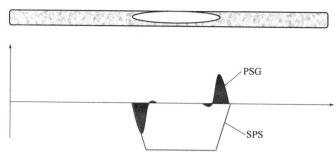

图 5-4 PSG、SPS 和压浆缺陷的关系

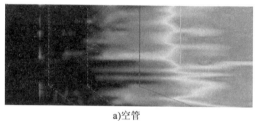
a)空管

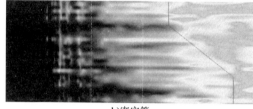
b)密实管

图 5-5 测试 IEEV 法等值线云图

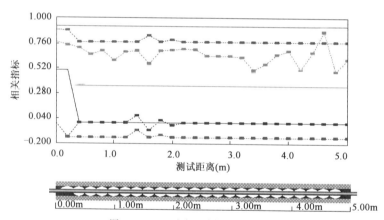

图 5-6 IEEV 法定量分析结果(空管)

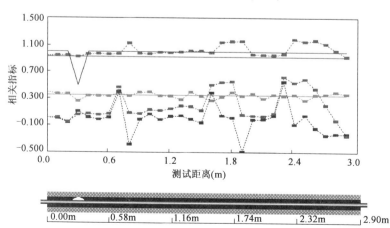

图 5-7 IEEV 法定量分析结果(密实管)

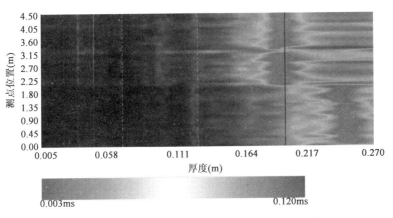

图5-8 IEEV法等值线云图(下部为空管,上部为密实管)

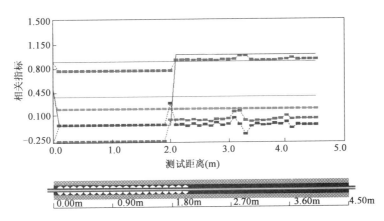

图5-9 IEEV法定量分析结果(下部为空管,上部为密实管)

$$D = \frac{1}{N}\sum_{i=1}^{N}\beta_i \times 100\% \tag{5-9}$$

式中：N——定位测试的点数；

β_i——第i测点的压浆状态,即良好取1,小规模空洞取0.5,大规模空洞取0。

式(5-9)也可改写为：

$$D = \frac{N_J \times 1 + N_X \times 0.5 + N_D \times 0}{N} \times 100\% \tag{5-10}$$

式中：N_J——健全测点数；

N_X——小空洞测点数；

N_D——大空洞测点数；

N——总测点数,有：

$$N = N_J + N_X + N_D \tag{5-11}$$

5.2.3.2 全孔道的压浆质量

当定位检测仅为孔道的局部时,用修正压浆密实度指数D_c来判定孔道的压浆质量：

$$D_e = \frac{DL_d + D_k(L_0 - L_d)}{L_0} \tag{5-12}$$

式中：D——检测区段的压浆密实度指数；

L_d——检测区段长度；

L_0——孔道全长；

D_k——该孔道各检测区段中，压浆质量较好的连续区段的压浆密实度指数，该连续区段的长度取检测区段的1/2。

5.3 适用范围

定位检测宜用于检测管道压浆缺陷的有无及其位置，以及缺陷的大致尺寸、缺陷类型。IE法、IEEV法、IERS法均采用同一数据和同一频谱分析，仅在云图判读上有所不同。一般而言，IE法是基础，各种状况均适用。IEEV法适用于壁厚较小、底部反射明显的情形。而IERS法则相反，适合于壁厚较大、底部反射不明显的情形。

3种定位测试方法具有如下特点：

(1) IEEV法测试精度高，但相对速度较慢。

(2) 测试精度与径厚比(D/H)有关，D/H越小，测试精度越高。

(3) 当边界条件复杂（拐角处）或测试面有斜角（如底部有马蹄）时，测试精度会受到较大的影响（图5-10）。

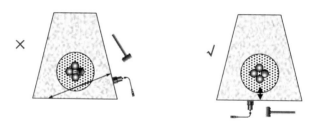

图5-10 马蹄形部位的测试方法

(4) 对于孔道两端，锚垫板喇叭口内的压浆质量，由于该区域钢筋密集，且有喇叭口的影响，因此对定位检测的精度影响很大。此时，需要用传递函数法（PFTF法）进行测试。

综上所述，本方法适用范围和条件如表5-5所示。

定位检测适用范围和条件一览表　　　　表5-5

梁型/预制/现浇	结构/端头条件		管道条件			压浆料
	厚度 H	长度/位置/端头	孔径②	位置③	材质	
不限	≤50cm①	不限			不限	硬化

注：① 当厚度超过50cm时，采用IE法、IEEV法开始出现困难，此时应参考IERS法，对测试人员的要求更高。

② 根据现场检测经验，测试管径宜在5cm以上并满足下列条件之一：

　　a. 超过0.2倍测试板厚度；

　　b. 距离测试点距离小于1倍管径。

③ 测试面应平坦，测试管道与测点之间应无障碍物（如其他管道等）。

5.4 影响因素

在定位测试中,也会受到结构特性、管道特性、测试作业、分析方法等的影响。

(1)结构特性

①压浆料的龄期

与定性检测相同,压浆料硬化不足会导致误判。

②板的厚度

板的厚度对定位测试有很大影响。一般来说,当管径相同时,板厚越薄,IEEV法的测试精度越高。

(2)管道特性

①管道的排列

管道的排列对定位测试有较大影响。当有双排管道时,尽可能从两个侧面用IEEV法测试。

②管道的位置

管道的位置有一定影响,对角落边界条件比较复杂的管道需要加密测点。其中,对于T梁的马蹄形部位的孔道,如果不具备从梁底检测的条件则难以进行定位检测。此外,对于位于马蹄形中间位置的部分,测试精度较差(图5-11)。

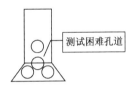

图5-11 测试困难部位

③管道材质的影响

在交通工程中,孔道主要采用两类波纹管,即铁皮管和PVC管。由于阻抗的关系,两类波纹管对弹性波的反射不同,从而对压浆密实度缺陷的检测也有一定影响。

根据弹性波的反射理论,机械阻抗 $R=\rho vA$ (即密度、波速与面积的乘积)的变化决定了反射信号的大小和相位。铁皮管壁、PVC管壁、混凝土、缺陷的阻抗大小顺序为:铁皮>混凝土>PVC>缺陷空洞。因此,铁皮波纹管处对弹性波是逆向反射,PVC和缺陷则是正向反射。由于管壁很薄,会出现铁皮波纹管的反射和缺陷处的反射互相抵消,而PVC与缺陷的反射则是相互增强的现象。铁皮波纹管反射示意如图5-12所示。

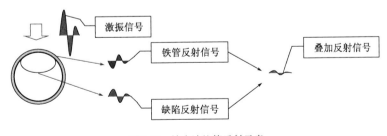

图5-12 铁皮波纹管反射示意

所以,不能仅凭缺陷处的反射信号的强弱来判断,而是要结合等效波速法,即梁底部(壁面)反射信号的传播时间综合考虑。波纹管材质对缺陷判别的影响见表5-6。

波纹管材质对缺陷判别的影响   表 5-6

波纹管材质	波纹管位置反射信号			缺陷时梁底反射时间
	管壁	空洞型缺陷	整体反射	
PVC	微弱正向	正向	正向较强	延后
铁皮	微弱反向	正向	较弱	延后
无波纹管	无	正向	正向	延后

(3)测试作业

①测试方向

在管道中压浆不密实的一个重要原因是压浆材料的泌水。此时,产生的空洞主要位于管道的上方。由于形状的关系,图 5-13a)方向的分辨力较高,而图 5-13b)方向的分辨力相对较低。对于腹板的孔道,大多数只能采用图 5-13b)的激振方式。为了提高分辨力,适当加密测点,或采用双测线是有效的。

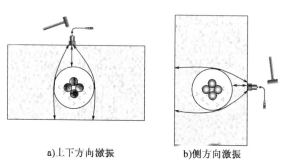

图 5-13　激振方向的影响

②管道的定位

定位检测需要沿孔道进行激振和测试。孔道定位的精度直接影响测试的精度和分辨力。山西省交通科学研究院采用预应力混凝土梁多功能检测仪 SPC-MATS,对激振点与管道的相对位置的影响进行了研究。激振点的位置分别位于孔道中心投影、中心 + $D/4$ 和中心 - $D/4$。结果表明,无论是全空还是全满,各个激振点测试得到的有效波速相差均在 2% 之内。因此,激振位置只要在孔道中心投影的 ± $D/4$ 范围内,检测结果均较为理想。

当然,在孔道中心投影面上激振是最为理想的。为此,一方面可以采用电磁波雷达法定位;另一方面,通过加密测点,采用网格状的测试方法也是十分有效的。

③激振锤的影响

不同的激振锤激发的弹性波波长不同,因此合理选取激振锤或者采用两种激振锤可以提高检测精度。一般而言,对于较小直径的激振锤的信号,其在缺陷处的反射相对更为明显。此时,如梁底反射信号鲜明且有滞后时,该处存在压浆缺陷的可能性较大;另一方面,对于较大直径的激振锤的信号,通常对梁底的反射更为明显。同样,如波纹管位置有明显反射信号,该处存在压浆缺陷的可能性也较大。

④激振力度的影响

从线性理论而言,激振力度对测试结果没有影响。但在实际检测作业中,力度过大容易诱发板振动并延长自振的时间。因此,采用较轻的激振力度在大多数时候是有利的。

⑤传感器选型、固定方式的影响

传感器的选型,特别是固定方式对测试结果的影响较大。为了实现既快速又可靠的测试,传感器既要牢固地与梁体表面接触,又要方便移动。通过长期的研究,建议采用下面两种方法:

a.有经验的测试人员用手将传感器按压在梁体表面。注意一方面传感器要与测试表面密切接触,另一方面按压力度要轻而且均匀(按压力度会对传感器体系的自振频率等产生影响)。

b.传感器支座固定:采用特制的传感器支座,使得传感器可以以均匀的力度按压在梁体表面。同时,通过合理的阻尼设计,还能够提高传感系统的频响特性,建议优先采用。

(4)分析方法

①分析方法的合理选取

如前所述,合理选取 IE 法、IEEV 法和 IERS 法是有必要的。

②分析方法的影响(MEM 倍频)

在定位检测中,通常采用 MEM 进行频谱分析。但 MEM 在具有卓越的分辨力的同时,也存在伪峰和倍频的现象。其中,当测试梁体较厚时,除了梁底反射信号之外,在梁截面中部也会出现反射信号(即倍频现象)。该现象尽管较为罕见,但由于该处往往存在波纹管,因此可能造成误判。

a.倍频现象的表象:当产生倍频时,在 MEM 图谱上其出现时间恰好是卓越反射时间(通常是梁底部)的一半。另一方面,波纹管虽然是在梁中部,但其反射时间往往并非为卓越反射时间(通常是梁底部)的一半。

b.倍频现象的消除:可采用变频(改变激振锤)、改变 MEM 分析模式(如采用增加稳定性模式)、利用 FFT 验算(FFT 不易出现倍频现象)及利用梁底反射波速(等效波速法)进行校核等方法来综合判定。

5.5 测试方法最优化

通过对大量检测数据的总结和经验的积累,针对不同的壁厚和工况,总结了检测最优组合和次优组合。在实际检测中,首选最优组合,IEEV 法测试最优组合见表 5-7。当需要验证或重测时,可考虑选用次优组合,IEEV 法测试次优组合见表 5-8。

IEEV 法测试最优组合   表 5-7

对象壁厚(cm)	采样数据	激振锤	传感器/支座	激振力度
<15	4096	D10	S21C[①]	较轻[②]
15~30	8192	D17	S21C	较轻
30~60	8192	D17	S21C	适中[③]
>60	8192	D30	S31SC[①]	适中

注:①均带专用传感器支座。
②较轻:在所选的条件下,10 倍增益,最大输出电压为 0.8~1.5V。
③适中:在所选的条件下,10 倍增益,最大输出电压为 1.5~2.5V。

IEEV法测试次优组合　　　　　　　　　　　表 5-8

对象壁厚(cm)	采样数据	激振锤	传感器/支座	激振力度
<15	4096	D17	S21C	较轻
15~30	8192	D10	S21C	较轻
30~60	8192	D30	S21C	适中
>60	8192	D17	S31SC	适中

5.6 解析及判定的标准化

通过对大量检测数据的总结和经验的积累,针对不同的壁厚和工况,总结了解析及判定方法。在实际分析中,首选标准组合,当有疑问时,应根据标注进行相应调整,IEEV法解析标准组合见表5-9。

IEEV法解析标准组合　　　　　　　　　　　表 5-9

壁厚(cm)	纵坐标模式	修正			计算时间(ms)		判定依据及延迟时间阈值		
		冲击	共振	优化	最长	最短	依据	水平	竖直
<15	对数	无①	无②	自动③	自动	自动	梁底反射	10%④	10%④
15~30						0.003			
30~60						0.003			
>60						0.003	共振偏移	5%⑤	5%⑤

注:①当解析图形较为凌乱时,可选用冲击修正模式。
②当在0.02~0.03ms附近有反射频谱时,应该考虑有传感器共振的影响(传感器支座黏性润滑不够)。此时应用共振修正解析。
③当对解析结果有疑问时,可选用其他方式(稳定或高分辨力)。
④计划在软件中根据孔道位置等信息提供参考线。
⑤还需要进一步修正。

5.7 工程验证

5.7.1 对比验证

5.7.1.1 传感器的耦合方法

采用专用支座套、手按力度小、手按力度大、热熔胶4种压着方式对一标准试块进行验证,图5-14a)~d)分别是采用4种压着的测试结果。

测试结果表明:

(1) 手按力度较小时对测试信号影响较小,也可得到满意的测试效果;
(2) 手按力度过大时频阶杂乱,说明手按力度对测试信号的影响较大;
(3) 热熔胶固定有附加模态,测试结果与热熔胶的厚度、温度等有关;
(4) 专用支座套能提供稳定可靠的耦合力度和阻尼,使得测试信号更为稳定。

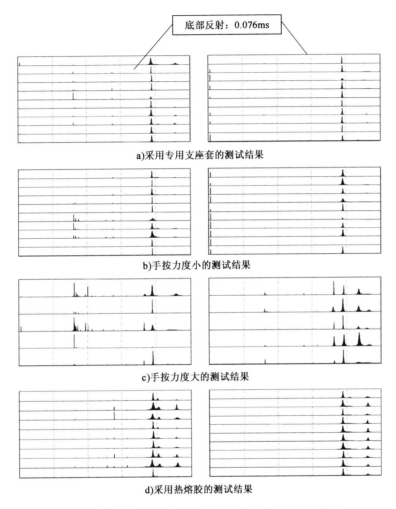

图5-14 测试结果(MEM,左:D6锤标准模式,右:D10锤标准模式)

5.7.1.2 FFT 与 MEM 的对比

浙江富阳境内某梁场的大型混凝土构件中预埋不同直径、不同材质的波纹管。用冲击回波法对空管进行了检测。分析方法采用 FFT(傅里叶变换法)和 MEM(最大熵法)。测试模型及测试情景如图5-15所示。

试验结果(表5-10)表明:
(1) FFT 和 MEM 均能够对底板的反射进行识别;
(2) FFT 基本上无法明确地识别波纹管的反射,而 MEM 的识别能力更强;
(3) 对塑料波纹管的识别能力要优于金属。

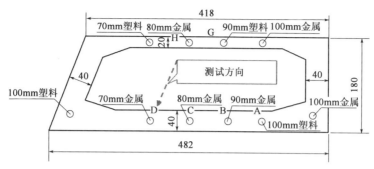

图 5-15　测试模型及测试情景(尺寸单位:cm)

测试结果对比一览表　　　　　　　　　　　　　　表 5-10

对象	板	下板(设计厚度值:40cm)			上板(设计厚度值:31cm)	
	波纹管	A	B	C	G	H
	材质	塑料	金属	塑料	金属	塑料
	管直径(cm)	10	9	8	8	7
管壁	FFT	△	×	×	△	×
	MEM	◎	○	○	○	○
梁底	FFT		○			○	
	MEM		◎			◎	

注:◎好;○较好;△较差;×基本不可。

频谱分析图如图 5-16 所示。

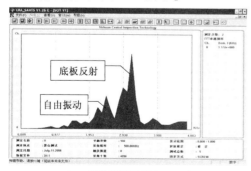

a) FFT频谱(横轴为频率:kHz)

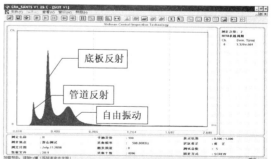

b) MEM频谱(横轴为周期:ms)

图 5-16　频谱分析图

5.7.1.3 采样点数的影响

对室内 20cm 厚模型试块进行孔道压浆密实度定位测试,同一位置共测试 3 次,使用的采样点数分别为 2048、4096、8192,测试结果如表 5-11 所示。

测试波形及结果　　　　　　　　　　表 5-11

采样点数	测试波形	测试结果图
2048		
4096		
8192		

测试结果表明:
(1)采样点数越多,测试频谱图的反射信号能量越收敛,测试准确度也就越高;
(2)采用采样点数 4096 已经足够满足测试需要;
(3)反射信号能量收敛性较差时,可通过提高采样点数进行数据采集。

5.7.1.4 激振锤的优化

表 5-12 是不同激振锤从 0.6m 高度落下时对不同混凝土强度等级激发的弹性波频率一览表。

典型条件下激振弹性波自由振动的频率(kHz)　　　　表 5-12

强度等级	C20	C30	C40	C50	C60
E_c(GPa)	25.5	30.0	32.5	34.5	36.0
D6	41.06	43.48	44.71	45.64	46.31
D10	24.64	26.09	26.83	27.38	27.78
D17	14.49	15.35	15.78	16.11	16.34

续上表

强度等级	C20	C30	C40	C50	C60
D30	8.21	8.70	8.94	9.13	9.26
D50	4.93	5.22	5.37	5.48	5.56

表5-13是不同激振锤在C60混凝土板激振弹性波频率的理论值，以及测试信号的卓越频率（FFT求取）的比较。可以看出，其吻合得非常好。

典型条件下弹性波的频率　　　　　　　　　　　　　　表5-13

激振锤	D17	D22	D26	D30
理论值(kHz)	17.38	13.51	11.45	9.85
实测值(kHz)	17.10	13.21	11.63	9.67
相对误差(%)	1.64	2.27	-1.55	1.86

示例： 针对某模型同一孔道，模型厚0.2m，孔道位于模型中央，且未压浆，标定波速4.0km/s左右。做不同激振锤的对比，选用锤型为：D6、D10、D17、D30、D50。测试波形及结果见表5-14。

测试波形及结果　　　　　　　　　　　　　　　　　表5-14

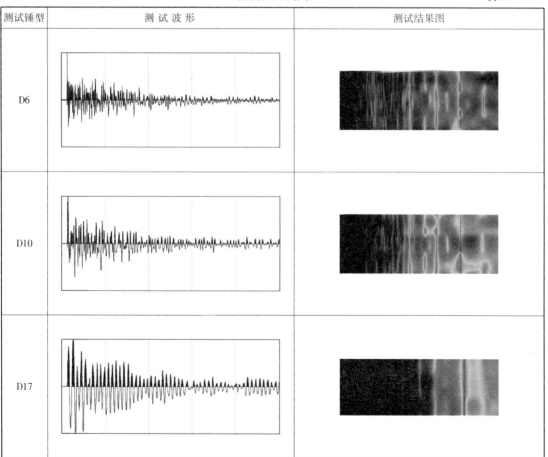

续上表

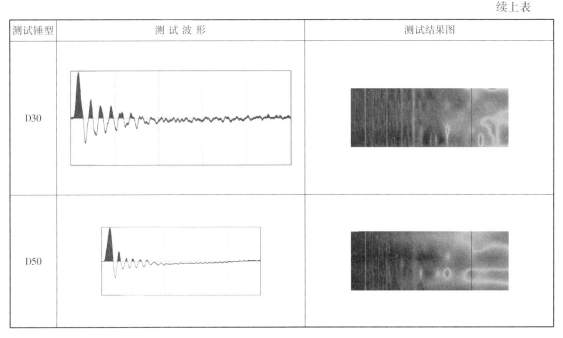

由表 5-14 可以看出,D17 激振锤的底部反射及孔道反射最为明显,其卓越周期也跟实际最为贴合。针对厚型测试对象,可选择较大激振锤(如 D30、D50);针对薄型测试对象,可选择较小激振锤(如 D6、D10、D17)。

5.7.2 现场验证

5.7.2.1 小箱梁验证

(1)测试简介

本次检测的对象是一条在建高速,沿线多段有桥梁,桥梁结构大多为预制小箱梁结构。对某标段小箱梁(设计长度 20m)进行了检测和验证。定位检测场景如图 5-17 所示。

图 5-17　定位检测场景

(2)测试结果

测试结果表明,在离 CH0 发射端 2.1~2.7m 位置发现缺陷。IEEV 扫描等值线图如图 5-18 所示。

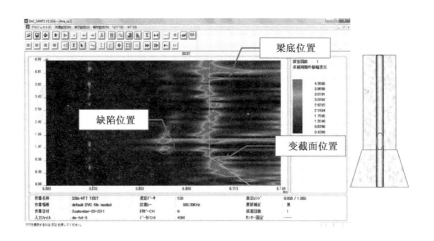

图 5-18　IEEV 扫描等值线图(标准模式)

(3)破梁验证

破梁结果发现,在检测出的缺陷位置存在积水,表明确实存在压浆不密实情况。检测结果及时指导了施工处理,保证了梁的质量。破梁验证场景如图 5-19 所示。

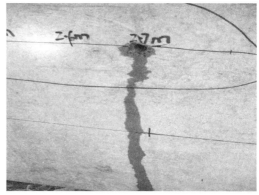

图 5-19　破梁验证场景

5.7.2.2　箱梁腹板验证

对某高速标段 30m 箱梁的压浆密实度进行了检测。箱梁混凝土强度等级为 C50,铁皮波纹管,梁体腹板结构厚度变化为 0~0.5m,腹板厚度为 0.25m,0.5~2.0m 腹板厚度为 0.25~0.18m 渐变,2m 以后厚度均为 0.18m。

现场测试时,分别对梁体编号为 1-3 和 1-4 的两片箱梁的一端 N1、N2、N3 孔道 0~4.1m 的区域进行了测试,并现场对测试结果进行了破梁验证(表 5-15)。

测试及破梁验证结果对比　　　　　　　　　　表 5-15

孔道编号	测试区间(m)	测试结果	破梁结果
1-3-N1	0~2.5	大缺陷	钢筋整体锈蚀,孔道无浆
	2.5~4.1	大缺陷	钢绞线上部锈蚀严重,压浆属于半空
1-3-N2	0~4.1	大范围大缺陷	钢绞线锈蚀严重,孔道无浆
1-3-N3	0~4.1	饱满	孔道压浆较好,浆料饱满
1-4-N1	0~4.1	部分区域大缺陷	钢绞线锈蚀严重,孔道无浆
1-4-N2	0~4.1	大缺陷	钢绞线锈蚀严重,孔道无浆
1-4-N3	0~4.1	饱满	孔道压浆较好,浆料饱满

图 5-20 ~ 图 5-23 依次为 1-3-N1、1-3-N2、1-4-N1 和 1-4-N2 的检测云图及破梁验证场景。可看出,即使对于预制梁,如果施工管理不善,也会造成大面积压浆缺陷。

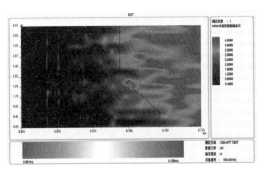 

a)检测云图　　　　　　　　　　　　　b)破梁验证场景

图 5-20　1-3-N1 检测云图及破梁验证场景

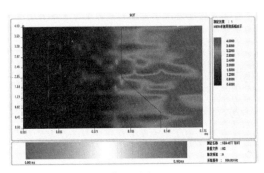 

a)检测云图　　　　　　　　　　　　　b)破梁验证场景

图 5-21　1-3-N2 检测云图及破梁验证场景

5.7.2.3　未压浆孔道验证

对某桥梁未压浆孔道采用 IEEV 法进行了测试(图 5-24、图 5-25)。

(1)横向测试:测线横切孔道,以反映管道位置;

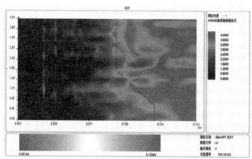

a) 检测云图　　　　　　　　　　　　b) 破梁验证场景

图 5-22　1-4-N1 检测云图及破梁验证场景

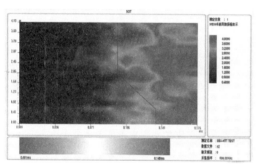

a) 检测云图　　　　　　　　　　　　b) 破梁验证场景

图 5-23　1-4-N2 检测云图及破梁验证场景

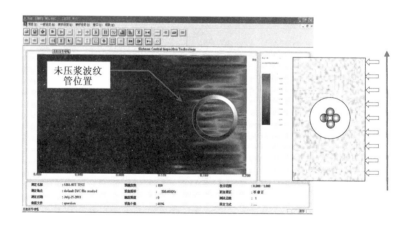

图 5-24　未压浆孔道的 IEEV 法扫描等值线图(标准分辨率模式)

(2) 纵向测试:测线平行孔道,以反映管道压浆的有无。

采用不同的分辨率(标准或增强模式),对缺陷反映的敏感度也有所不同。标准模式更适合于反映大的缺陷和整体波速的变化,而增强模式则适合于反映小型缺陷。

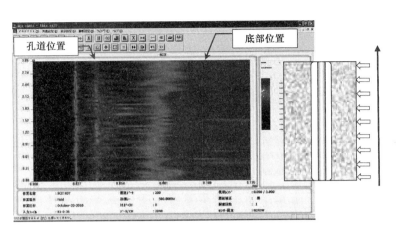

图 5-25　孔道的 IEEV 法扫描等值线图（增强分辨率模式）

5.7.2.4　T 梁验证

对某高速标段预制 T 梁进行了压浆密实度检测。该预制梁长度为 30m，压浆管道为塑料波纹管。对该标段的 3 片梁的端头进行了定位检测，并对测试结果进行打孔验证（图 5-26、图 5-27）。

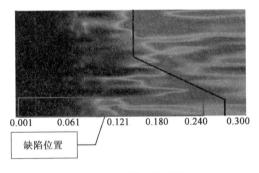

图 5-26　测试信号分析图

图 5-27　现场打孔后灌水场景

经过测试并分析，发现管道 N2 的某方向的测试信号异常，经过分析，缺陷位置位于距离管道端头 0~0.8m。用直径为 20mm 的冲击钻，对该梁不密实区进行钻孔，孔径最大处 52mm，深度达波纹管外壁后谨慎钻进。在钻穿管壁时，能感觉到有空洞。用细铁丝探入孔内，确认管内压浆不密实、有空洞，空洞位于波纹管上部，直径约 45mm。

5.7.2.5　T 梁厚板验证

对某市政工程预制 T 梁注浆质量进行检测，检测结果见图 5-28。对象为 40m 预制 T 形梁，最大壁厚 60cm，PVC 波纹管，直径 7cm，注浆时间超过一个月。测试中采用 D17 锤和传感器支座（ST-S31SC-1）。

对测试出现问题的区域进行钻孔和注水验证（图 5-29），验证结果与测试结果完全一致。

5.7.2.6　T 梁腹板验证

对某高速 40m 预制 T 梁进行检测和验证（图 5-30~图 5-32）。验证采用破梁切片的方式，测试结果及验证对比如表 5-16 所示。

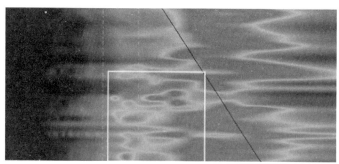

a) 0~2m有压浆缺陷

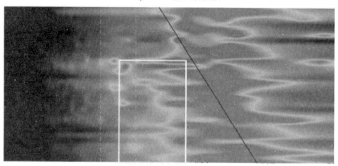

b) 0~1.5m有压浆缺陷

图 5-28 检测结果

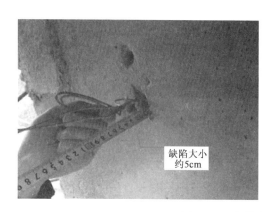

图 5-29 现场钻孔穿丝、注水验证情景

测试结果及验证一览表 表 5-16

孔道编号	方向	测试结果	破梁结果	对比
N2	小里程	未发现明显缺陷	密实	一致
	大里程	未发现明显缺陷	密实	一致
N3	小里程	0~0.8m(距离端头约50cm)	出现上部分空洞,空洞长度为1.1m	一致
	大里程	未发现明显缺陷	密实	一致
N4	小里程	0~0.2m范围内发现局部缺陷	开孔后为松散型缺陷	一致
	大里程	未发现明显缺陷	密实	一致

 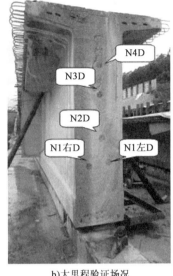

a)小里程验证场况　　　　　　　b)大里程验证场况

图 5-30　破梁验证场景

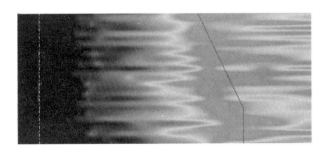

图 5-31　压浆密实测试云图

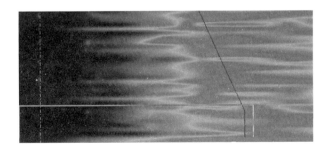

图 5-32　压浆局部缺陷测试云图

5.7.2.7　渡槽厚壁挡墙验证

对某渡槽预应力混凝土(设计强度等级 C50)墙体结构的波纹管压浆缺陷进行了测试和现

场验证(图5-33~图5-36)。结构腹板上、下部设计厚度分别为0.7m、0.9m,中间均匀过渡。压浆孔道为PVC波纹管,直径0.10m,距内侧距离由0.15m过渡到0.30m。

图5-33 测试场景

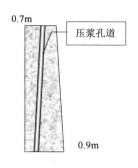

图5-34 腹板设计简图

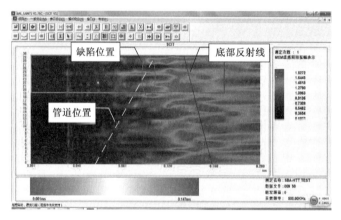

图5-35 测试云图

图5-36 现场验证场景

对所测试的多条波纹管进行测试分析后,判断9号波纹管上部压浆不密实,存在酥松及空洞型缺陷。经过现场钻孔验证,实际情况与测试情况完全吻合。

该类结构壁厚大,压浆孔道较深且距离有变化,极大增加了检测难度。

5.7.2.8 厚壁箱梁验证

对重庆某高速标段现浇箱梁进行了压浆密实度检测(图5-37、图5-38)。梁壁厚为60~130cm不等。值得说明的是,经过钻孔验证得知,波纹管实际中心位置与测试点相距15cm左右,从结果来看,缺陷反应比较明显。

5.7.2.9 在役连续刚构桥验证

对浙江杭州某大桥进行压浆密实度定位检测和现场验证(图5-39、图5-40)。结构为现浇箱梁,设计强度等级为C50,测试部位为箱梁底板。

测试采用传感器专用支座,经过测试与现场分析,发现其中一根管道有不密实情况,经验证,管道内只有少量压浆料,和测试结果吻合很好。

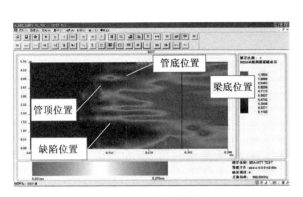
图 5-37 测试信号分析图

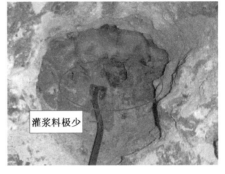
图 5-38 现场钻孔场景

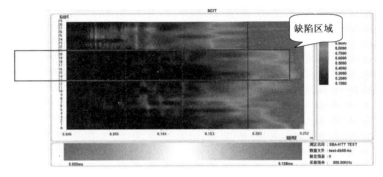
图 5-39 定位测试等值线图

a) 跨孔吹气

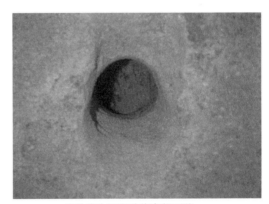
b) 钻孔验证(钢绞线清晰可见)

图 5-40 钻孔验证

需要指出的是,测试前采用雷达对管道的注浆情况进行了测试,并对测试不密实部位进行开孔验证。结果证明相关位置为密实,说明雷达法不能有效测试孔道压浆密实度。

第6章 验证、评价与规程解读

6.1 模型试验验证

6.1.1 模型梁验证

对厚壁预应力孔道的压浆密实度进行检测验证。试验对象为600cm混凝土梁2片（图6-1）。一片梁内预埋金属波纹管9根，另一片梁内预埋塑料波纹管9根，波纹管内缺陷有全部空腔、部分空腔。其中，特别对钢筋的影响进行了分析和研究。

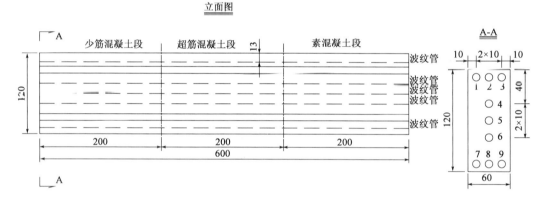

图6-1 试验用混凝土梁一般构造图(尺寸单位:cm)

考虑到位置关系，对于1~3孔道，采用自上而下测试。4~6孔道，则采用侧面测试。由于测试位置关系，7~9孔道本次未加测试。

（1）验证试验结果

验证试验结果对比分别如图6-2、图6-3所示（图中，白色部分表示空管或有缺陷，深色部分表示密实）。

（2）钻孔验证

对于测试结果与设计缺陷吻合较差的4号、6号铁皮波纹管，以及随机挑选的1号和6号塑料波纹管进行了钻孔验证（图6-4），可以看出，钻孔验证结果与测试值一致。

钻孔验证检测结果对比如图6-5、图6-6所示（图中，白色部分表示空管或有缺陷，深色部分表示密实）。

钻孔验证部分典型分析图形如图6-7~图6-10所示。

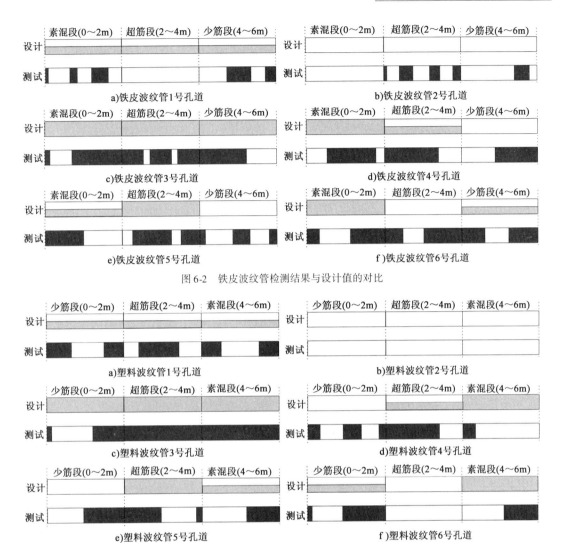

图6-2 铁皮波纹管检测结果与设计值的对比

图6-3 塑料波纹管检测结果与设计值的对比

a)钻孔　　　　　　　　　b)内窥镜验证

图6-4 钻孔及验证(内窥镜)

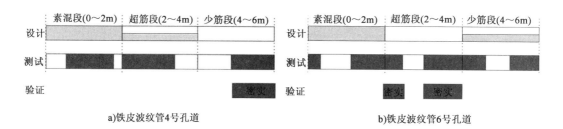

图 6-5　铁皮波纹管检测结果、设计值及钻孔结果的对比

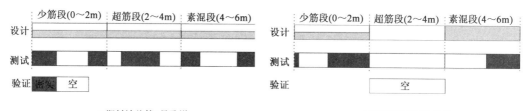

图 6-6　塑料波纹管检测结果与设计值的对比

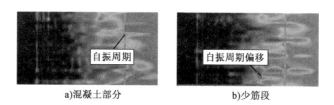

图 6-7　4 号铁皮波纹管侧壁激振

图 6-8　6 号铁皮波纹管侧壁激振

图 6-9　1 号塑料波纹管顶部激振

a) 混凝土部分

b) 超筋段

图 6-10　6 号塑料波纹管侧壁激振

(3) 测试结论

① 因壁厚较厚,难以获取梁底反射信号,因此采用了共振偏移法,取得了良好效果;
② 钢筋的影响总体较小。

6.1.2　模型板验证

对一片预置孔道的板(2.0m×0.6m×1.0m,长×宽×高)进行了检测(图 6-11)。

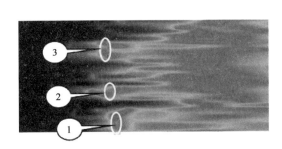

图 6-11　孔道的 IEEV 扫描等值线图及钻孔确认场景

内设铁皮波纹管,孔道直径 7cm。

结果表明:此孔道有 3 处缺陷,分别为距离测试起点 0m 处(①号),缺陷长度约 0.8m;1.2m 处(②号),缺陷长度约 0.3m;2.0m 处(③号),缺陷长度约 0.4m。为了验证检测结果(表 6-1),对梁进行了钻孔取样。

验证结果　　　　　　　　　　　　　　　　表 6-1

检测缺陷编号	钻孔取样结果	验证情况	备注
①	管道上部未灌满	结果一致	设计外情况
②	未发现缺陷	结果有差异[①]	
③	预设缺陷	结果一致	

注:经多次检测,在相同位置仍发现有明显的异常信号。其中,缺陷③为预设缺陷,①和②为检测新发现的缺陷。因此推断在②的位置存在异常,不排除在管底部有泌水造成的空腔(图 6-12)。但由于钢绞线的阻挡,钻孔未能穿透孔道。

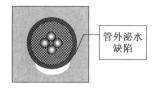

图 6-12 管外下部泌水缺陷示意

6.2 预制梁现场验证

6.2.1 箱梁验证

广西金盟工程有限公司利用预应力混凝土梁多功能检测仪(SPC-MATS),抽检了3片预应力箱梁(图6-13)。经定性检测,其中一片梁一个孔道综合指数偏低。经定位检测,确认其缺陷位于梁端部,不密实区长达3m。

验证采用直径为20mm的冲击钻,对该梁不密实区进行钻孔,孔径最大处52mm,深度达波纹管外壁后谨慎钻进。在钻穿管壁时,能感觉到有空洞。用细铁丝探入孔内,确认管内压浆不密实、有空洞,空洞位于波纹管上部,直径约45mm(图6-14)。

图 6-13 测试云图　　　　　　图 6-14 现场穿丝验证场景

6.2.2 箱梁腹板验证

结合江苏省交通运输厅对全省干线公路建设工程进行的质量督查,对江苏省部分在建大桥、特大桥等的孔道压浆密实度进行了抽检并开孔验证。

测试对象为30m预制箱梁,采用循环压浆工艺施工。测试部位为梁两端端头3m范围内,梁腹板厚度变化为端头,0~2m位置为26~18cm渐变,2~3m位置为18cm等厚。检测时使用了加速度S31SC型传感器及其配套专用支座,利用D17激振锤进行激振。

标定测试信号及空管测试信号如图6-15、图6-16所示。

测试及开孔验证结果如图6-17~图6-24所示。

(1)11-2大桩号方向N1左开孔位置为距离端头40cm左右,开孔位置浆料较少。

(2)11-2小桩号方向N1左开孔位置为距离端头40cm左右,开孔位置浆料较湿,且从端头注浆孔可将铁丝穿进50cm左右。

(3) 11-2 小桩号方向 N1 右开孔位置为距离端头 40cm 左右,通过从端头注浆孔向孔道内灌水 3 瓶,水从钻孔处流出。

(4) 11-1 大桩号方向 N1 右开孔位置为距离端头 60cm 左右,开孔位置无浆料。

(5) 11-1 小桩号方向 N1 右开孔位置为距离端头 40cm 左右,开孔位置浆料较少。

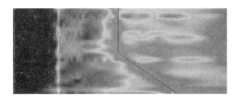
图 6-15　标定信号分析图

图 6-16　空管测试信号分析图

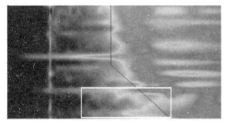
a) 测试结果

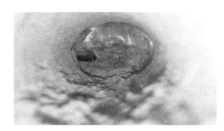
b) 验证场景

图 6-17　11-2 大桩号方向 N1 左测试结果及验证照片

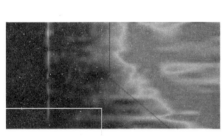
a) 测试结果

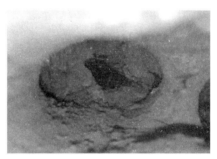
b) 验证场景

图 6-18　11-2 小桩号方向 N1 左测试结果及验证照片

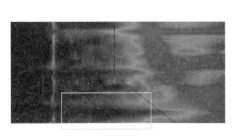
a) 测试结果

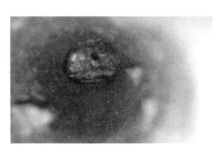
b) 验证场景

图 6-19　11-2 小桩号方向 N1 右测试结果及验证照片

(6) 8-2 大桩号开孔位置为距离端头 200cm 左右，N1 左孔道开孔位置没有浆料，且有大量水流出；N2 左孔道开孔位置有浆料和水的混合物流出。

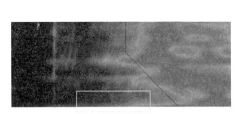
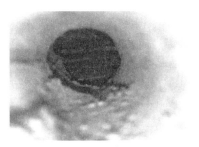

a) 测试结果　　　　　　　　　　　　b) 验证场景

图 6-20　11-1 大桩号方向 N1 右测试结果及验证照片

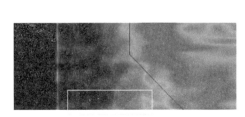

a) 测试结果　　　　　　　　　　　　b) 验证场景

图 6-21　11-1 小桩号方向 N1 右测试结果及验证照片

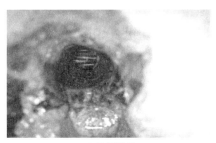

a) 测试结果　　　　　　　　　　　　b) 验证场景

图 6-22　8-2 大桩号方向 N1 左测试结果及验证照片

a) 测试结果　　　　　　　　　　　　b) 验证场景

图 6-23　8-2 大桩号方向 N2 左测试结果及验证照片

(7) 7-5 小桩号方向 N2 左开孔位置为距离端头 200cm 左右，开孔位置无浆料。

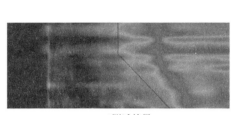
a) 测试结果

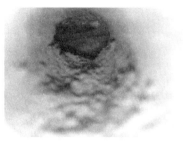
b) 验证场景

图 6-24 7-5 小桩号方向 N2 左测试结果及验证照片

本梁场尽管采用了循环压浆工艺和专用压浆料，但仍然出现大面积压浆缺陷，说明施工工艺的提升和严格执行是十分有必要的。

6.2.3 T 梁验证

对四川高速公路预制梁场（箱梁、T 梁）进行压浆密实度检测。波纹管为 7cm 的铁皮波纹管，部分采用循环压浆工艺。

现场测试发现多处出现空洞及压浆不密实情况，经过商议，确定对其中一片箱梁的相邻管道的 2 处（距离端头 0.8~4m 范围）进行开孔验证（图 6-25~图 6-28），发现其中一处出现空洞（有未凝固浆料残留并且能够轻松勾住波纹管内部）。另一处，通过观察发现有未凝固的浆料。其原因可能是浆料配比问题，或是梁体压浆完成后，移动梁体带来扰动使得浆料离析。

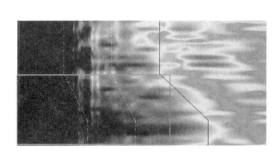
图 6-25 测试结果图 1

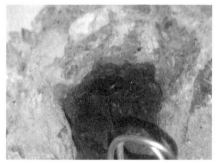
图 6-26 开孔验证（空洞）

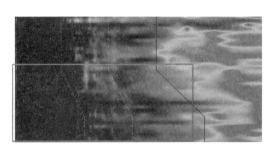
图 6-27 测试结果图 2

图 6-28 开孔验证（压浆料未凝固）

6.2.4 T梁腹板与马蹄形部位验证

T梁的马蹄形部位是压浆密实度检测中较为困难的部分,为此,在江西省内某梁场进行了测试验证(图6-29~图6-32)。测试对象由5片30m预制T梁组成,测试部位为中部马蹄部位。测试采用D17激振锤和专用传感器支座ST21C,由于孔道位置距表面较近(5cm),因此采用共振偏移法进行分析。结果显示5片T梁测试部位有2处孔道存在严重缺陷,有3处孔道存在局部缺陷,通过现场钻孔及现场相关现场人员确认,测试结果与实际情况基本一致。

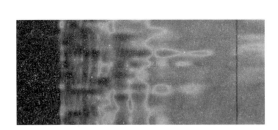
图6-29 孔道测试云图1

图6-30 现场钻孔结果1

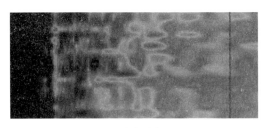
图6-31 孔道测试云图2

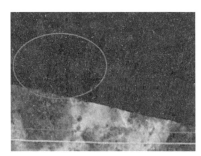
图6-32 现场钻孔结果2

6.3 新建现浇梁现场验证

6.3.1 现浇板验证

利用IEEV法对天津某大桥的压浆管道缺陷的位置进行了定位检测,并进行了钻孔穿丝验证(图6-33~图6-35)。检测出来缺陷位置,与现场穿铁丝验证结果基本一致,准确率达到90%以上。

6.3.2 鱼脊梁验证

上海同丰工程咨询有限公司采用预应力混凝土梁多功能检测仪(SPC-MATS),对上海某特大桥进行检测(图6-36~图6-38)。检测对象壁厚1.9m、孔道长度160m。现场采用冲击回波等效波速法(IEEV法)对孔道进行定位测试。通过对现场数据分析发现在22.7~23m处存在空洞。

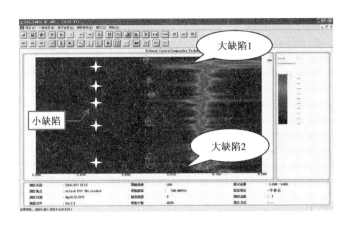

图 6-33 IEEV 法扫描等值线图

图 6-34 钻孔场景　　　　图 6-35 穿丝验证场景

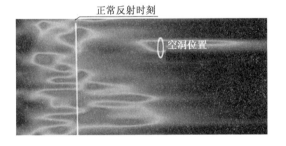

图 6-36 缺陷定位测试等值线图

检测单位经现场钻孔,验证了检测精度,并采取了积极措施,保证了施工质量。

6.3.3 商业建筑预应力梁验证

对位于江苏无锡的某大型综合办公建筑(地下 4 层,1 号塔楼地上 44 层,高约 204.9m)的净跨长度约 16m 和 18m 的 2 根梁进行了压浆密实度检测(图 6-39～图 6-41)。

图 6-37 测试场景

图 6-38 破梁验证场景

图 6-39 检测场景

图 6-40 钻孔验证场景

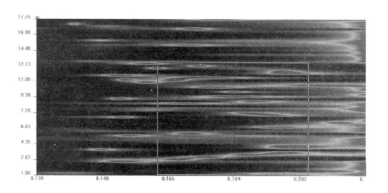

图 6-41 定位测试结果

检测结果表明,其中一根梁从端头排气孔往右约10m位置开始有多处不密实。为此,在现场进行了钻孔验证(图6-42),验证结果均与检测结果一致。

图 6-42　钻孔验证结果(2 处均出水)

6.3.4　箱梁验证

对位于杭州的某桥梁进行压浆密实度检测(图 6-43、图 6-44),测试对象为现浇箱梁的箱室隔板,板厚 70cm。测试部位内部的波纹管外径为 10cm。

图 6-43　检测场景　　　　　　　　图 6-44　测试云图

测试结果表明,在端头附近存在不密实区域,并经钻孔得到验证(图 6-45、图 6-46),得到了相关单位的认同。经过及时处理,保证了施工质量。

6.3.5　负弯矩位置验证

对多个现浇梁板进行了检测和验证。负弯矩管道都为直径 5.5cm 的铁皮波纹管。
(1)1 号大桥
1 号大桥检测场景及验证结果如图 6-47~图 6-49 所示。

图 6-45 钻孔验证

图 6-46 穿铁丝验证

图 6-47 现场检测及钻孔场景

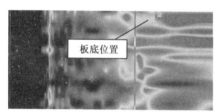
a)压浆密实

b)有压浆缺陷

图 6-48 测试信号分析图

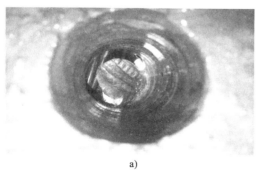
a)

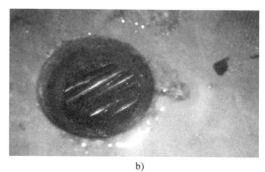
b)

图 6-49

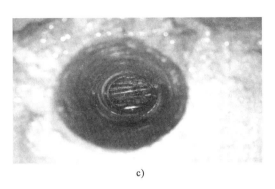
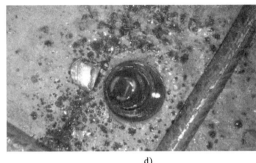

c)　　　　　　　　　　　　　　　d)

图6-49　部分钻孔场景(均无压浆料,部分钢绞线已锈蚀)

(2)2号大桥

2号大桥检测场景及结果如图6-50~图6-52所示。

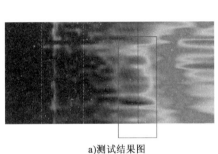
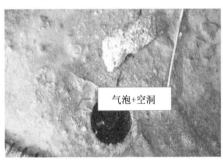

a)测试结果图　　　　　　　　　　b)验证场景

图6-50　2号大桥右幅梁2-2、连梁3-2负弯矩N5

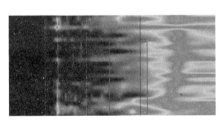

a)测试结果图　　　　　　　　　　b)验证场景

图6-51　2号大桥右幅梁2-2、连梁3-2负弯矩N8

6.3.6　连续钢构桥顶板验证

对佛山境内九江大桥现浇梁顶部(测区区域顶板板厚约为25cm,铁皮波纹管直径约为10cm)的压浆密实度进行了检测和验证(图6-53、图6-54)。

测试采用传感器专用支座及D17激振锤,结果显示测区内0~5测点范围内存在较为严重压浆缺陷,6~9测点范围内压浆较为密实。钻孔验证结果显示测区0~5测点内存在大量积水,且仅少量压浆料,对0~5钻孔孔道内进行打气,每孔均有气体冒出。6~9测点内压浆密实,未存在明显缺陷。测试结果与实际钻孔结果完全符合。

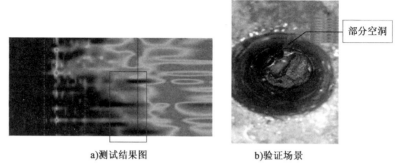

图6-52　2号大桥右幅梁2-2连梁3-2负弯矩N8

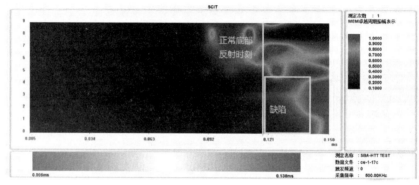

图6-53　测试孔道等值线图

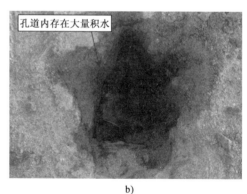

图6-54　测试孔道钻孔、打气验证

6.3.7 压浆管堵塞位置检测

山东济南境内某在建高速现浇梁在压浆过程中发现6根横向束孔道存在堵管现象,导致该部分孔道仅注入少量压浆料。应相关单位邀请找出孔道堵管位置。被测试孔道为横向束孔道,位于现浇梁中部,N2、N3孔道为并排波纹管且孔道位置处混凝土结构厚度变化复杂,能够测试孔道位置长度有限;在测试过程中,采用共振偏移法(IERS法),针对混凝土结构不同厚度选用不同激振锤对孔道进行定位测试。测试等值线图如图6-55～图6-57所示。

a)标定　　　　　　　　　b)测试孔道1　　　　　　　　c)测试孔道2

图 6-55　N1 堵管孔道最高位置等值线图

a)标定　　　　　　　　　b)测试孔道1　　　　　　　　c)测试孔道2

图 6-56　N2 堵管孔道最低位置等值线图

a)标定　　　　　　　　　b)测试孔道1　　　　　　　　c)测试孔道2

图 6-57　N3 堵管孔道最低位置等值线图

测试结果显示部分孔道最高位置处部分有少量浆料,部分无浆料(由此判断该位置为孔道堵管位置),如图 6-55 所示;部分孔道最低位置处无压浆料(由此判断该孔道内部无压浆料或仅少量压浆料),如图 6-56、图 6-57 所示。波纹管位置设计图见图 6-58。

为验证结果准确性,现场随即对其进行打气、注水验证(图 6-59);验证结果显示部分孔道确系无压浆料,测试判断堵管位置处由于波纹管变形故不能注入多余压浆料。实际钻孔结果与测试结果基本符合。

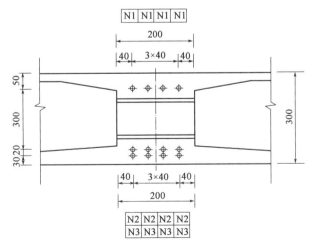

图 6-58　波纹管位置设计图(尺寸单位:cm)

a)

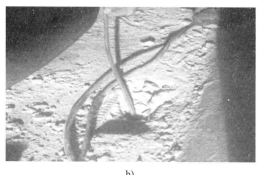
b)

图 6-59　现场对测试孔道进行打气、注水验证

6.3.8　连续现浇梁验证

对山东青岛某公司胶轮导轨电车试验线工程 2×20m 连续现浇梁进行孔道压浆密实度检测（图 6-60 ~ 图 6-62）。0 ~ 1.5m 壁厚由 55cm 渐变至 36cm，之后为 36cm 等厚。测试使用 D17 锤，ST-S21C-1 专用支座。

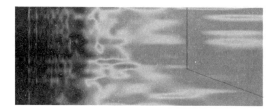
图 6-60　波速标定等值线图

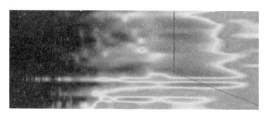
图 6-61　定位测试等值线图

a)

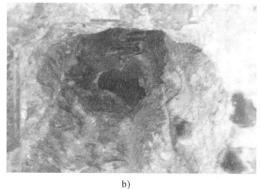
b)

图 6-62　检测连续梁外观及现场钻孔验证场景

测试结果显示孔道中确系存在压浆缺陷，通过钻孔，发现该部位孔道波纹管内仅有少量压浆料，与测试结果一致。

6.3.9 铁路组合现浇梁验证

对江苏省内某在建铁路大桥现浇组合梁进行压浆密实度缺陷定位检测（图 6-63～图 6-66）。测试孔道壁厚为 32cm，测试采用 D17 锤、S21C 传感器及专用支座。测试结果显示孔道中确系存在压浆缺陷，通过钻孔，经现场施工单位、监理、业主共同见证，确认该部位孔道波纹管内仅有少量压浆料，与测试结果一致。

图 6-63 波速标定等值线图

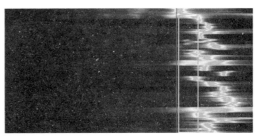

图 6-64 定位测试等值线图

a)

b)

图 6-65 现场验证场景

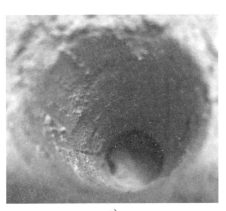

a)

b)

图 6-66 钻孔验证结果

6.3.10 铁路连续现浇梁验证

对湖南省内 3 座在建铁路大桥现浇连续梁进行压浆密实度缺陷定位检测（图 6-67 ~ 图 6-70）。测试位置包括腹板、顶板和底板，测试孔道壁厚为 20 ~ 30cm，测试采用 D17 锤、S21C 传感器及专用支座。验证采用开孔和内窥镜拍照的方法，共计 6 处。

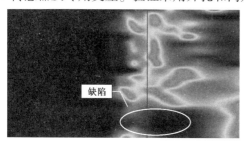

图 6-67　腹板定位测试等值线图

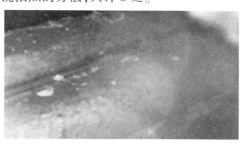

图 6-68　钻孔内窥镜场景 1

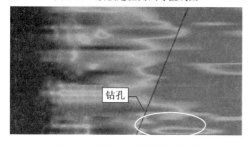

图 6-69　顶板定位测试等值线图

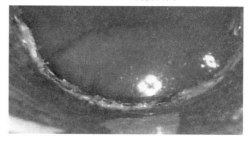

图 6-70　钻孔内窥镜场景 2

(1) 腹板（有严重缺陷）

根据测试结果，凿开封端混凝土，通过压浆孔用内窥镜能清晰看到钢绞线未被包裹，说明存在严重缺陷。

(2) 顶板（无严重缺陷）

打孔显示孔道内部浆料基本饱满，仅孔道顶板存在微小缺陷，但钢绞线完全包裹。

(3) 底板（板厚度超标）

根据测试结果，该部分反射时间滞后，怀疑为压浆缺陷。但钻孔后内窥镜观察，该处压浆密实无任何缺陷（图 6-71 ~ 图 6-74）。后据检查，该处底板设计厚度 29cm，但部分区域实际厚度到达 36cm，因厚度变化导致信号严重滞后。值得说明的是，厚度严重超标本身也是桥梁施工质量问题。

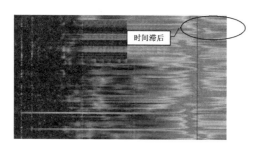

图 6-71　定位测试等值线图

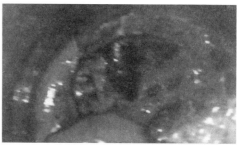

图 6-72　钻孔内窥镜场景 3

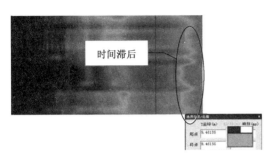 

图6-73 定位测试等值线图　　　　　　　　图6-74 钻孔内窥镜场景4

(4)底板(有严重缺陷)

通过内窥镜观察,该处钢绞线裸露,处于无浆料状态。

6.3.11 连续刚构桥底板验证

广东某地一座运营的连续刚构桥,相关单位先对其底板位置管道进行有损检查,发现部分存在压浆不密实情况。应相关单位邀请,采用D17激振锤和广域信号拾取装置对已经补浆管道和正常管道进行了检测(图6-75、图6-76)。共对结构底板的13处及腹板的3处进行检测,对底板的6处(5处密实,1处缺陷)进行开孔验证,并通过内窥镜拍照或注水或穿铁丝的方式验证(图6-77)。经过验证,开孔结果与测试结果完全吻合,得到了相关单位的一致认可。

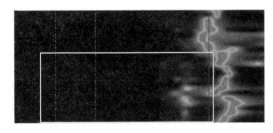 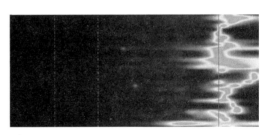

图6-75 检测有缺陷孔道测试图　　　　　　图6-76 检测密实孔道测试图

a)注水验证　　　　　　b)穿铁丝验证　　　　　　c)钻孔验证

图6-77 现场注水、穿铁丝及钻孔情景

6.4 装配式混凝土结构检测

6.4.1 装配式剪力墙构件检测

对安徽某预制构件厂内的预制剪力墙的孔道压浆密实度进行测试。该预制剪力墙底部排列着两排直径约为3.5cm的圆孔、高度约为40cm的注浆孔道,预制构件吊装后将注浆孔与对应预留的结构插筋相连,然后向注浆孔中压入压浆料(3d的抗压强度可以达到C60,28d的抗压强度可达C80),预留插筋与预制剪力墙间全部用压浆料进行连接(图6-78)。

图6-78 测试对象概貌

现场测试时,每条测线中包括在注浆孔道上测试的数据和混凝土上的数据,其中,对于在混凝土上的测试数据,可以等同为压浆密实的数据,即可以理解为梁体在压浆密实时正常的底部反射时间。因此,对预制厂中的未注浆孔道(已设置钢筋),共测试14个点,其中0~6点为孔道上的测试数据,7~13点为混凝土上的数据(图6-79)。

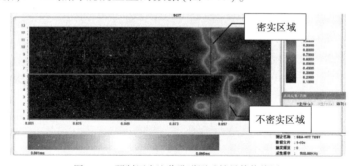

图6-79 预制厂未注浆孔道测试结果等值线图

由图6-79可以看出,7~13点应该为孔道压浆密实时梁底的正常反射时刻。而0~6点处的波产生了绕射,因此判断0~6点为压浆不密实区域,实际为未压浆。

6.4.2 装配式剪力墙实体结构检测

对于某建筑项目的实体结构中的8条管道进行压浆密实度检测(图6-80)。对孔道各测线均测试17个点,其中0~8点为孔道上的测试数据,9~16点为混凝土上的数据(代表压浆密实)。连接孔道测试结果等值线图如图6-81、图6-82所示。

测试结果表明,其中6条管道的压浆质量良好,而2条则有明显的压浆缺陷。

图 6-80　测试对象

图 6-81　连接孔道测试结果等值线图（表明压浆密实）

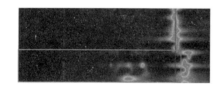

图 6-82　连接孔道测试结果等值线图（表明压浆有缺陷）

6.4.3　装配式剪力墙套筒模型及现场检测

（1）套筒混凝土模型的设计缺陷及现场结构检测

对套筒混凝土的设计缺陷以及现场结构进行检测，如图 6-83 所示。

a)　　　　　　　　　b)

图 6-83　模型测试及结构测试场景

模型概要见表6-2。代表性的设计图如图6-84、图6-85所示。

模 型 概 要　　　　　　　　　表6-2

类　别	编　号	套筒型号	截面尺寸(mm×mm)	高度(mm)	套筒布置形式
Ⅰ	S1	GTZQ4 20	200×300	480	居中
	S2	GTZQ4 20	200×300	480	居中
	S3	GTZQ4 20	200×300	480	居中
Ⅱ	GSR1	GTZQ4 16	150×200	316	单排居中布置、竖向钢筋遮挡
	GSR2	GTZQ4 16	150×200	316	单排居中布置、竖向钢筋遮挡
	GSR3	GTZQ4 16	150×200	316	单排居中布置、竖向钢筋无遮挡
	GSR4	GTZQ4 16	150×200	316	单排居中布置、竖向钢筋无遮挡
	GSR5	GTZQ4 20	150×200	380	单排居中布置、竖向钢筋遮挡
	GSR6	GTZQ4 20	150×200	380	单排居中布置、竖向钢筋无遮挡

注:此外还有双排梅花布置、居中套筒,但对于IE法较为困难。

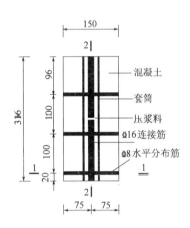 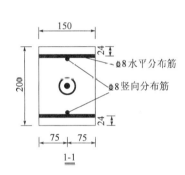 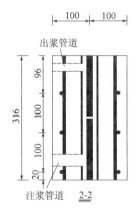

图6-84　代表性的设计图(GSR1)(尺寸单位:mm)

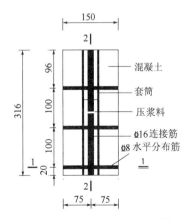 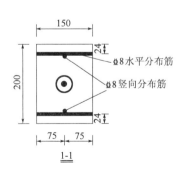 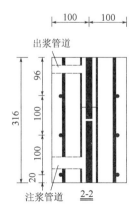

图6-85　代表性的设计图(GSR2)(尺寸单位:mm)

模型检测结果如图 6-86～图 6-91 所示。

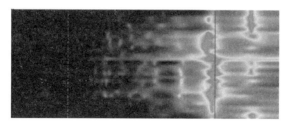

图 6-86　GSR1 设计密实,测试密实(上下为模型边界影响)

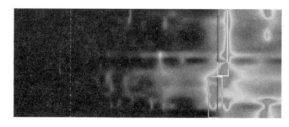

图 6-87　GSR2 设计 60% 密实,测试显示约 40% 密实及约 12.5% 过渡段

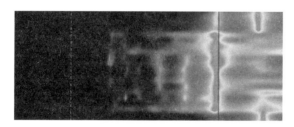

图 6-88　GSR3 设计密实,测试密实

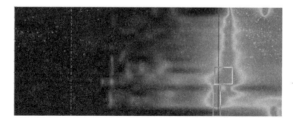

图 6-89　GSR4 设计 60% 密实,测试显示约 35% 密实及约 15.6% 过渡段

图 6-90　GSR5 设计 60% 密实,测试显示约 42% 密实及约 13% 过渡段

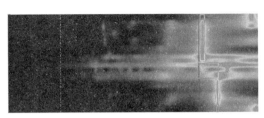

图 6-91 GSR6 设计 60% 密实,测试显示约 47% 密实及约 16% 过渡段

结构测试结果如图 6-92～图 6-94 所示。

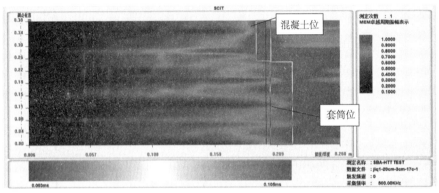

图 6-92 测试结果等值线图(1 号位套筒压浆不密实)

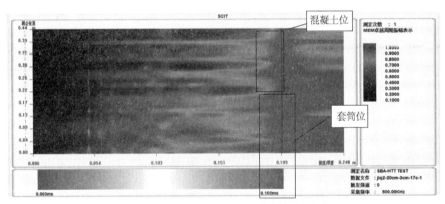

图 6-93 测试结果等值线图(2 号位套筒压浆密实)

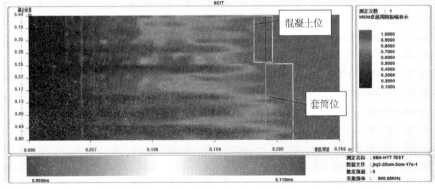

图 6-94 测试结果等值线图(3 号位,现场钢丝探查,下部压浆孔道为空)

(2) 套筒混凝土模型的设计缺陷检测

次对套筒混凝土模型的设计缺陷进行检测,如图6-95所示。

图 6-95　模型测试

波纹管约束浆锚(套管直径35～50mm)试验设计密实度如图6-96所示。

a)50%　　　　　　　　　　　　　　　b)100%

图 6-96　波纹管约束浆锚(套管直径35～50mm)试验设计密实度

螺旋箍筋约束浆锚(套管直径35～50mm)试验设计密实度如图6-97所示。

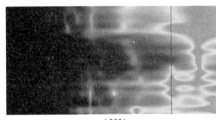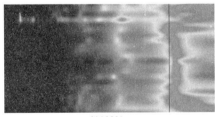

a)50%　　　　　　　　　　　　　　　b)100%

图 6-97　螺旋箍筋约束浆锚(套管直径35～50mm)试验设计密实度

根据试验验证结果,可以得出:

①本次试验做了两种不同类型的浆锚搭件,结果表明搭件对测试的影响较小。

②对于20cm厚的结构,采用不同的激振锤击振,都能得到较为相近的结果,综合考虑D10和D17激振锤较为适宜。

③测试结果与设计绝大部分较为吻合,尤其是100%密实的构件,设置缺陷的构件由于制作工艺等影响,虽然具体位置不能一一对应,但浆料灌注量较为吻合,对此可以通过其他方法进一步验证。

④通过此次试验结果可知,套筒单排梅花分布和居中分布的结果差别不大。

⑤试验结果需要进一步验证,但从结构进浆口存在空腔的情况来看,证明了管道下方也可能存在缺陷,同时也证实了上次实体剪力墙测出下部压浆不密实的可靠性。

⑥测点距离边界小于5cm左右时,检测结果受试验构件边界影响大。实体中下部边界影响大,而下部往往不是出现压浆缺陷的可能性较小。

(3)套筒模型检测验证

本次在室内对3个套筒模型进行试验,且3个模型的孔道均为空管,分为单排居中、双排居中和梅花布置(图6-98、图6-99)。

图6-98 试验场景

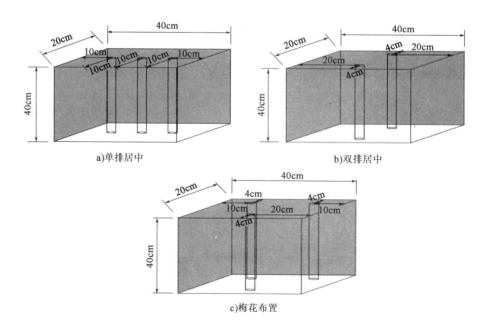

a)单排居中 b)双排居中

c)梅花布置

图6-99 试验模型

试验采用S21C+高阻尼传感器支座,比较了端部耦合剂有无两种情形。

①单排居中试验结果如图6-100所示。

a)D10+端部耦合剂(定点激振)

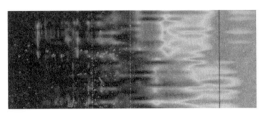
b)D17+端部耦合剂(定点激振)

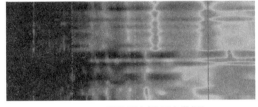
c)D10+端部耦合剂(逐点激振)

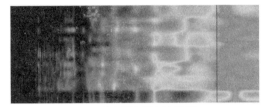
d)D10无端部耦合剂(逐点激振)

图6-100　单排居中试验结果

试验结果表明,采用 D10 + S21C + 高阻尼传感器支座 + 端部耦合剂有较好测试效果。

②双排居中试验结果如图6-101所示。

a)D10无端部耦合剂(逐点激振)

b)D17无端部耦合剂(逐点激振)

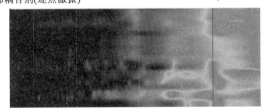
c)D10+端部耦合剂(逐点激振)

图6-101　双排居中试验结果

试验结果表明,采用 D10 + S21C + 高阻尼传感器支座有较好测试效果。

③梅花布置试验结果如图6-102所示。

a)D10无耦合剂(离孔道近点激振)

b)D10无耦合剂(离孔道远点激振)

图　6-102

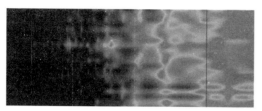
c)D17无耦合剂(离孔道近点激振)

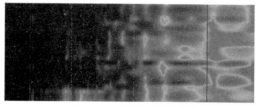
d)D17无耦合剂(离孔道远点激振)

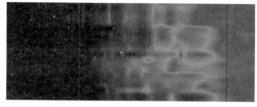
e)D10+端部耦合剂(离孔道近点激振,上半部分为标定)

f)D10+耦合剂(离孔道远点激振)

图6-102　梅花布置试验结果

试验结果表明:
①对于单排居中孔道测试,使用 D10 + 耦合剂测试效果最好。
②对于双排居中孔道测试,无耦合剂 D10 对近的孔道测试效果较好。
③对于梅花布置孔道测试,目前各方法的效果均不理想,需要进一步研究。

6.5 验证方法及注意事项

6.5.1 压浆质量缺陷的表象

根据对不同类型的上百个孔道进行钻孔、切片验证,总结出的孔道压浆缺陷主要有以下两种类型:

(1)空洞型缺陷
①表象:波纹管中出现空腔、空洞、积水、上部脱空等缺陷(图6-103)。

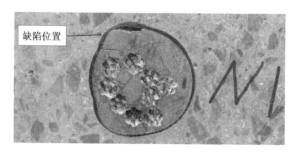

图6-103　上部脱空现象

②成因:由泌水、气泡汇集、浆体不连续以及浆体收缩等原因造成。
③规模:根据缺陷的截面积、长度区分为大缺陷和小缺陷。

(2)松散型缺陷

①表象:压浆体中出现分布式气泡或者压浆料强度低等缺陷。
②成因:由压浆料产生气泡过多、掺泥等原因造成。
③规模:主要由缺陷长度决定。

6.5.2 主要验证方法

当采用 IEEV 法测定出缺陷位置后,常常在此位置进行钻孔(通常采用 10mm 左右的钻杆)。不仅可以起到验证的作用,还可作为补浆孔以便处理。一般有:

(1)光学方法。包括肉眼观察法和内窥镜观察法。前者最直观,但需要开孔较大,10mm 左右的钻杆往往不够。与前者相比,后者适用面最广,可以利用小口径孔。但需注意聚焦等问题,图 6-104 是内窥镜及空管示意。

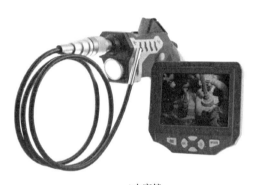

a)内窥镜　　　　　　　　　　　　　b)空管

图 6-104　内窥镜及空管示意

(2)基于阻抗变化的方法。即利用钻孔过程中阻抗、声响的变化来判定是否遇到空腔。

(3)X 光透视。在欧盟、日本等地,常采用 X 光透视、拍片的方式。在国内,山西交通科学研究院、同济大学等也用 X 光对压缺陷的检测进行了研究,并认为可以用于辅助冲击回波法验证。

(4)机械工具。包括穿丝和挂钩。穿丝,即用铁丝看能否穿过,一般适用于较长的,以及埋深较浅的缺陷(如顶板、空心板)。挂钩,即用小钩去挂钢绞线,若能钩住钢绞线则表明钢绞线存在较大的缺陷,整体未被包裹。

6.5.3 验证的局限及注意事项

钻孔验证是最直接的验证方法。但是,钻孔验证也并非一定准确,其错判、漏判的情形十分常见,且在绝大多数情况下,会产生漏判(将有缺陷判别为无缺陷),主要造成原因包括:

(1)钻孔方向的影响。

由于缺陷通常出现在孔道的上部,因此从上部钻孔是最为理想的。然而,由于作业条件的限制,从侧面、下面钻孔非常常见。从图 6-105 中可以看出,在侧面、下面钻孔时,对于 C 级以下的缺陷,出现漏判的可能性非常大。

a) 上部钻孔　　　b) 侧面钻孔　　　c) 下部钻孔

图 6-105　钻孔方向、位置与缺陷判断

(2) 穿丝、挂钩的问题。

对于穿丝法,要求孔道与边界较近且缺陷贯通,这对于大多数梁无法适用。而挂钩法则要求钢绞线完全悬空。当钢绞线被部分包裹时,挂钩法易于发生误判。

(3) 松散型缺陷的局限。

内窥镜、穿丝、挂钩等方法对松散型缺陷均难以适用,并易于漏判。借助钻孔时的阻抗变化进行测试是有帮助的。

表 6-3 为某个研究项目中采用钻孔验证的统计结果。该项目共检测预应力预制箱梁 6 片,检测出缺陷位置 8 处。根据缺陷判定模板,此 8 处缺陷均为小缺陷(松散型或者空洞型小缺陷),并采用钻孔勾丝的方法进行了验证。

钻孔验证统计　　　　　　　　　　　　　表 6-3

检测结果	验证结果	对比结果	备　注
压浆密实	无缺陷	一致	验证 15 处
1 号缺陷	存在缺陷	一致	—
2 号缺陷	存在缺陷	一致	—
3 号缺陷	—	—	未能钻到波纹管
4 号缺陷	存在缺陷	一致	—
5 号缺陷	用铁丝钩验证无缺陷	不一致	—
6 号缺陷	用铁丝钩验证无缺陷	不一致	—
7 号缺陷	—	—	钻孔失败
8 号缺陷	用铁丝钩验证无缺陷	不一致	—

从统计结果来看,共钻孔 23 处,钻孔失败 2 处,用铁丝钩检出缺陷 3 处(占比 13%),未检出缺陷 18 处(占比 78%)。由此可见,钻孔具有一定的漏检可能性。

此外,X 光透视的方法尽管操作复杂、成本高、需要相应的资质、难以大规模应用。但其具有可视性好的优点,作为冲击回波法的验证手段之一是可取的。

在钻孔时,需要注意以下方面:

(1) 对于纵、横向波纹管,其缺陷往往在管的上部。对于梁底板等需要从下往上进行钻孔时,应加以留意。特别是有部分压浆料沉积在底部时,容易遗漏压浆缺陷。

(2) 对于竖向波纹管,其缺陷可能在管内的四周,单钻一个孔往往不能发现缺陷。

(3) 对于纵、横向波纹管,管壁下外侧与混凝土间也有可能出现脱空现象。

6.5.4 压浆缺陷处理建议

对于缺陷,根据缺陷的类型、规模和长度,提出的处理建议见表6-4。

压浆缺陷处理建议　　　　表6-4

缺陷类型	管道类型	缺陷位置	缺陷长度	处理的必要性
松散型缺陷	各类管道	—	—	一般不必处理
空洞型小缺陷	平直管道	—	20cm以下	一般不必处理
			超过20cm	宜处理
	弯曲管道	正弯矩(下弯)	—	应处理
		负弯矩(上弯)	20cm以下	一般不必处理
			超过20cm	宜处理
空洞型大缺陷	各类管道	—	—	应处理

压浆缺陷处理可采用钻孔压注的方法:
(1)压注材料:优先采用压浆料。条件不具备时,可采用环氧树脂或聚氨酯等。
(2)钻孔数量、位置:一般需要两个,位于查明的压浆缺陷的两端。
(3)压浆工艺:低处孔进浆,高处孔出浆。

6.5.5 对检测及评价结果出现争议时的处理

当检测方和被检方对测试结果有争议时,应对测试存在疑问区域进行开孔验证,以确保测试结果的可靠性。但是,考虑到客观性等多方面因素,在钻孔验证时,应该遵循以下原则:

(1)应有一定的钻孔数量:考虑到无损检测和钻孔验证各自均有一定的误差,因此每个争议地点的钻孔数量应不少于3个。
(2)钻孔口径不宜太小,当钻孔遇到波纹管时应先停下,要避免切断波纹管。
(3)钻孔的位置应尽量位于管道的上部。
(4)条件允许时,应从上向下钻孔,避免从下向上钻孔。
(5)钻孔后宜用内窥镜观察,可辅以挂钩法、穿丝法。
(6)对于梁体端部的连续性缺陷,也可采用压浆孔灌水的方法验证。
(7)当钻孔后未发现波纹管时,表明波纹管位置与设计位置偏差过大,应按相关规定处理。
(8)当钻孔验证的结果有一半以上与检测结果不符时:
①检测结果偏严:从理论上讲,无损检测和钻孔验证的方法均存在漏检的可能性。相比而言,钻孔验证对于小缺陷(B、C类)漏检的可能性更大。此时,检测单位应对测试结果重新判定,并适当改变钻孔位置(如略微提高,以便找到管道上部)。
②检测结果偏宽:表明检测数据或者判定依据出现问题,应重新解析检测数据,必要时重测。
③无有意义偏差:表明测试数据可能存在较大偏差,应重测。
(9)当钻孔验证的结果有一半以上与检测结果相符时,应以检测结果为准。

(10) 当钻孔时未找到波纹管时,一方面说明施工时波纹管定位有误,另一方面也说明混凝土可能存在浇筑缺陷(显示为压浆缺陷)。此时应该上下改变位置钻孔,继续验证。

(11) 当钻孔后发现虽无空洞,但压浆料较为松软时,表明存在松散型缺陷。

6.6 压浆质量评价

6.6.1 压浆质量的评价

(1) 评价方法

如上所述,对于孔道压浆的质量评价可以有两种方法:

① 利用综合压浆指数 I_f。

② 利用定位测试中缺陷的比例,即压浆密实度指数 D:

$$D = \frac{1}{N}\sum_{i=1}^{N}\beta_i \times 100\%$$

式中:N——定位测试的点数;

β_i——测点的压浆状态,即良好取1,小规模空洞或松散型空洞取0.5,大规模空洞取0。

(2) 检测结果归纳

表6-5归纳了作者在一些公路上的检测结果,规律性的结果如下:

① 预制梁一般质量较好,优良(Ⅰ、Ⅱ类梁)率在90%左右,但也有少部分梁(8%左右)压浆质量较差。

② 现浇梁普遍压浆质量较差,特别是负弯矩处。

③ 采用综合压浆指数 I_f 时,对于压浆质量特别差(如漏灌、管中堵塞)的孔道是适合的。而对于普通质量的压浆孔道,则具有较大的局限性。

④ 采用压浆密实度指数 D 时,要注意测点选取位置以及测点数的影响。在实际测试中,可以对孔道全长进行检测,也可以对易于出现缺陷的区域进行局部抽检。显然,对孔道全长的检测得到的 D 会高于局部抽检得到的 D 值,这也可以部分解释现浇梁 D 偏低的现象。

当然,施工条件、测试位置对梁的评价也有较大的影响,在此不做详细研究。

(孔道)压浆密实度评价方法及比较   表6-5

评价方法	综合压浆指数 I_f	压浆密实度指数 D
指标	≥0.80:无压浆事故或大规模缺陷,无较大的压浆质量缺陷。<0.80:有压浆事故或大规模缺陷,有较大的压浆质量缺陷	0.95以上为良好(Ⅰ类) 0.90~0.95为较好(Ⅱ类) <0.90为较差(Ⅲ类)
优点	测试快捷	物理意义鲜明
缺点	物理意义不鲜明;在0.8~0.95之间的数值多,对压浆密实度的判别较钝感	测试耗时较长;若仅测试孔道部分长度,则代表性不强

6.6.2 压浆密实度指数 D 的部分检测结果统计

一些实际检测工程的压浆密实度指数 D 见表6-6、表6-7、图6-106。

预制梁检测结果统计

表 6-6

项 目 名 称	检测梁型及长度	定位测试长度	缺陷长度(m)	压浆密实度指数(%)
C-GZCGQGY 作业区	30m T 梁	N1:24m	0.6	97.5
		N2:16m	0.2	98.7
		N3:30m	1.0	96.7
		N4:30m	0.4	98.7
C-JH 二期 D7 合同段	30m T 梁	N3:30m	1.6	94.6
C-NF 高速 LTW 大桥	30m T 梁	N1:17m	1.3	92.3
C-NW 高速 CW 大桥	30m T 梁	N1:17m	0.7	95.8
		N2:7m	0.85	87.8
		N3:6m	1.35	77.5
C-YJ 高速 CH 大桥	40m T 梁	N1:33m	1.8	94.5
C-YJ 高速 MW-1 大桥	20m T 梁	N3:19m	1.3	93.1
C-FX 高速 BSW 大桥	40m T 梁	N1:34m	0.95	97.2
		N2:10m	0.7	93.0
		N3:10m	0.8	92.0
		N4:10m	0.7	93.0
		N5:10m	0.6	94.0
C-FX 高速 ZJW 一号桥	40m T 梁	N1:33m	0.45	98.6
		N2:6m	0.4	93.3
		N3:6m	0.25	95.8
		N4:6m	0.15	97.5
		N5:6m	0.4	93.3
C-FF 高速 WJ 特大桥	36m T 梁	N4:30m	0.7	97.7
C-TH 高速 GZZ 桥	20m 箱梁	右 N1:9m	0.7	92.2
		右 N2:9m	0.9	90.0
C-YJ 高速 1 标	16m 空心板	右 N1:16m	0.5	96.8
C-YJ 高速 YJB 大桥	30m T 梁	N1:13m	0.85	93.4
		N2:6m	0.1	98.3
C-YJ 高速 YCCJ 大桥	30m T 梁	N1:13m	0.9	93.0
		N2:6m	1.1	81.6
C-YJ 高速 MDZ 大桥	20m T 梁	N1:4m	0.09	97.7
		N2:3m	0.3	90.0
C-QE 高速 YLS 特大桥	40m T 梁	N1:9m	0.4	95.6
		N2:9m	0.35	96.1
		N3:12m	0.45	96.2
C-QE 高速 SX 大桥	40m T 梁	N4:14m	0.2	98.5

续上表

项 目 名 称	检测梁型及长度	定位测试长度	缺陷长度(m)	压浆密实度指数(%)
C-QE 高速 B2#桥 1#梁场	40m T 梁	N2:9m	0.3	96.7
		N3:9m	0.1	98.9
		N4:11m	0.3	97.2
C-QE 高速 B2#桥 2#梁场	40m T 梁	N2:9m	0.1	98.9
		N3:12m	0.7	94.1
		N4:7m	0.2	97.1
Z-JHDY 高速	2 标空心板	N1:12m	0.65	94.5
		N2:14m	0.5	96.4
	3 标 T 梁	N1:10m	0.6	94.0
		N2:6m	0.4	93.3
		N3:4m	0.15	96.2
	4 标空心板	3-7-N1:12m	0.4	96.7
		3-7-N2:12m	0.3	97.5
		3-8-N1:12m	0.25	97.9
		3-8-N2:12m	0.65	94.5
		3-3-N1:12m	0.6	95.0
		3-3-N2:12m	0.35	97.0
	5 标箱梁	6-2-N1:5m	0.6	88.0
		6-2-N3:5m	0.2	96.0
		6-3-N1:5m	0.2	96.0
		6-3-N3:5m	0.3	94.0
C-某高速	30m 箱梁	左 N3:4m	1.8	55.0
		左 N4:4m	1.5	62.5
		右 N3:4m	2.1	47.5
		右 N4:5m	1.8	64.0
Z-QJ 通道		N1-左	无	100.0
		N4-左	无	100.0
		N1-右	无	100.0
		N2-右	无	100.0
		N2-右	0.2	99.3
		N3-右	0.2	99.3
Z-DY 高速 YK 段 5 合同段		N1-右	无	100
Z-DY 高速 YK 段 2 合同段		N2-右	0.4	98.4
Z-DY 高速 YK 段 1 合同段		N1-左	无	100.0

现浇梁检测结果统计

表 6-7

项目名称	检测梁型及长度	定位测试长度(m)	缺陷长度(m)	压浆密实度指数(%)
某高速 孔道编号1	现浇箱梁	9	3.9	56.6
编号2		9	3.6	60.0
编号3		6	1.8	70.0
编号4		6	1.5	75.0
编号5		9	3	66.7
编号6		8	4.8	40.0
编号7		7	3.7	47.1
编号8		6	3.6	40.0
编号9		6	2.7	55.0
编号10		6	2.1	65.0
编号11		6	1.5	75.0
编号12		5	2.1	58.0
编号13		5	1.8	64.0
编号14		5	3.3	34.0
编号15		4	2.1	47.5
编号16		4	2.7	32.5
编号17		11	2.7	75.4
编号18		11	3.6	67.2
编号19		6	1.5	75.0
编号20		4	1.5	62.5
编号21		4	2.4	40.0
编号22		3	1.6	46.7
编号23		4	2.4	40.0
编号24		4.5	2.1	53.3
编号25		3	0.9	70.0
编号26		4	1.8	55.0
编号27		3	1.2	60.0
编号28		4	2.4	40.0
WZ-OJ 大桥	现浇箱梁	孔道1:20	3	85.0
		孔道4:18	4	77.8
		孔道5:19	3	84.2
Z-JHDY 高速	现浇箱梁	10	0.3	97.0

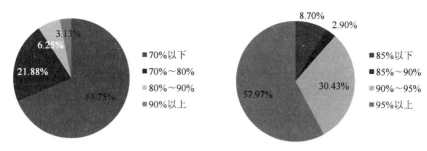

图 6-106 压浆密实度指数分布图

6.6.3 压浆缺陷常出现部位

根据作者的检测经验和模型试验,在后张法预应力梁的腹板孔道中,以下部位出现压浆不密实的可能性较大(图 6-107)。

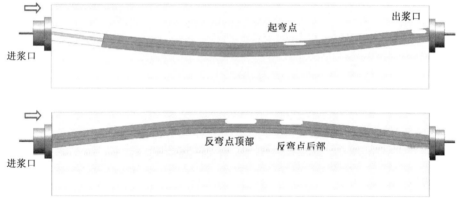

图 6-107 后张法预应力梁常出现缺陷的部位

此外,下述条件时压浆质量普遍较差,应特别注意:
(1)当压浆料发生初凝,以及压浆压力机出现故障时,压浆缺陷可能会大面积出现。
(2)现浇梁以及先简支后连续的接头 2 次张拉后压浆部位。

6.6.4 压浆密实度的检测频率

目前,尚无全国统一的压浆缺陷检测频率的规定。在此,汇总了国内一些单位的规定和做法以供参考(表 6-8)。

压浆密实度的检测频率　　　　表 6-8

单位	预制梁	现浇梁	发布日期	文件/说明
九江长江大桥	5%	10%	2011 年	每个预制梁场、每种结构形式、不同跨径的预制梁板抽检数量不少于 3 片
陕西省交通厅	1%(梁)	1%(孔道)	2012 年	陕西省公路建设工程质量工作指导意见
陕西省高速公路建设集团	1% ~ 5%	1% ~ 5%	2012 年	—
浙江省交通厅	不少于 3%	不少于 3%	2013 年	浙江省公路工程竣(交)工验收实施细则(试行)

6.6.5 压浆密实度质量的检测、评价流程

在压浆密实度检测时,应遵循以下原则:

(1)对于顶板、底部、空心板、先剪后连位置,尽可能采用垂直检测的方式(从上向下或从下向上)。

(2)对于腹板等垂直结构,采用水平检测的方式。

(3)在腹板下部马蹄形部位,以及有多根孔道时,可采用从下向上检测的方式。

在条件允许情况下,建议采用的步骤和方法如图6-108所示。

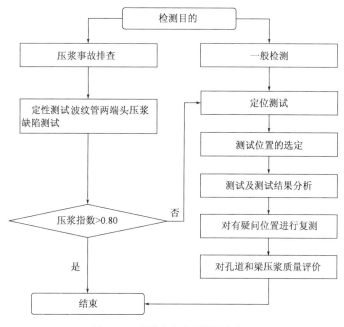

图6-108 压浆密实度质量评定流程

6.7 行业检测规程的解读与探讨

目前,我国已颁布施行的有关预应力孔道压浆密实度的无损检测规程主要有九个,即

(1)住建部《冲击回波法检测混凝土缺陷技术规程》(JGJ/T 411—2017);

(2)中国公路学会《公路桥梁预应力孔道压浆密实度冲击弹性波检测技术指南》(T/CHTS 10012—2019);

(3)山西《桥梁预应力孔道注浆密实性无损检测技术规程》(DB14/T 1109—2015);

(4)云南《桥梁预应力管道注浆密实度检测技术规程》(DB53/T 811—2016);

(5)福建《公路混凝土桥梁预应力施工质量检测评定技术规程》(DB35/T 1638—2017);

(6)河北《桥梁预应力孔道压浆密实度无损检测技术规程》(DB13/T 5186—2020);

(7)浙江《公路桥梁后张法预应力施工技术规范》(DB33/T 2154—2018);

(8)协会标准《桥梁预应力孔道注浆密实度无损检测技术规程》(CECS 879—2021);

(9)内蒙古《桥梁预应力孔道压浆密实性无损检测技术规程》(DB15/T 1931—2020)。

在此,我们就这九个规程在测试对象、测试设备要求、抽检数量、分析方法(定性检测、定位检测)以及质量判定等方面,进行比较、解读和探讨。

6.7.1 测试方法统计

目前,压浆密实度测试方法主要分为两类(表6-9),弹性波定性检测和弹性波定位检测(表6-9)。定性检测是测试单孔预应力孔道整体的压浆质量情况,将一个孔道内的压浆材料当作一个整体去测试分析评价;一般只做整束评价,优点是效率高、可以整体进行评价,但是不能判定具体缺陷位置。定位测试是沿孔道线逐点进行测试,可测试整束孔道,也可测试部分区域,然后按全部测点进行分析评价。此方法可以判断具体缺陷位置,便于维护修补。此外,对于压浆的龄期也有不同要求。

密实度测试方法比较   表6-9

检测相关标准规程	弹性波定性检测	弹性波定位检测	电磁方法
住建部 JGJ/T 411—2017	—	局部混凝土缺陷检测	—
公路学会 T/CHTS 10012—2019	—	定位检测	—
山西 DB14/T 1109—2015	定性检测	定位检测	X射线法
云南 DB53/T 811—2016	声波全长检测方法	声波侧面检测法	地质雷达法
福建 DB35/T 1638—2017	定性检测	定位检测	—
河北 DB13/T 5186—2020	定性检测	定位检测	X射线法
浙江 DB33/T 2154—2018	—	定位检测	—
协会标准 CECS 879—2021	定性检测	定位检测	X射线法
内蒙古 DB15/T 1931—2020	定性检测	定位检测	—

由表6-9可见,密实度检测主要以弹性波方法为主(表6-10)。其中三个规程中提出X射线法,但是由于该方法检测设备复杂、不易普及,实际检测中很少应用。而云南地标中提出地质雷达法检测压浆密实度。雷达法检测混凝土缺陷,测试速度快、精度高,应用较为普遍。但是由于压浆孔道中部分存在金属波纹管,而雷达法主要是以电磁波反射、散射为主,遇到金属会消减甚至屏蔽信号,针对金属波纹管无法测试。另外,预应力梁内部钢筋较密集,而且波纹管内部钢绞线很多,都会造成干扰。而综合各方法,弹性波受钢筋影响小、能量大、传播距离远,因此利用弹性检测成为压浆检测中的主要手段。

密实度检测时压浆龄期的要求   表6-10

检测相关规程标准	龄期要求
住建部 JGJ/T 411—2017	7d
公路学会 T/CHTS 10012—2019	注浆料强度达到80%设计强度
山西 DB14/T 1109—2015	注浆料强度达到80%设计强度
云南 DB53/T 811—2016	一般要求48h,气温低72h
福建 DB35/T 1638—2017	注浆料强度达到70%设计强度或7d
河北 DB13/T 5186—2020	7d
浙江 DB33/T 2154—2018	7d
协会标准 CECS 879—2021	注浆料强度达到70%设计强度
内蒙古 DB15/T 1931—2020	注浆料强度达到80%设计强度

一般而言,在夏季,3d 的龄期已经可以使得压浆材料充分硬化,但在冬季则难以保证。在压浆材料硬化不充分时进行检测,由于检测差异性材料的阻抗不同,会使得未固化的压浆料与压浆缺陷难以区分,对压浆密实度的检测精度则有不利影响,测试得到的压浆密实度有偏低的倾向。而检测时,龄期少于 3d 极有可能造成浆料未达到强度,压浆密实度指数偏低的情况。

6.7.2 测试设备要求

比较 9 个规程对设备的要求,可以看出主要的检测设备分两类,一类是以弹性波为主,另一类是以电磁波为主。弹性波设备又可以分为单通道和双通道检测,电磁波设备主要为 X 射线和地质雷达。下面以波的性质分两类进行对比,见表 6-11。

孔道压浆测试设备主要参数比较   表 6-11

检测相关标准规程	弹 性 波	电 磁 波
住建部规程	位移或加速度传感器 800Hz~100kHz;2 通道,16 位 A/D 卡;采样频率不低于 100kHz	—
公路学会规程	加速度传感器 100Hz~20kHz;多通道,16 位 A/D 卡;采样频率不小于 500kHz	—
山西地标	压电式加速度传感器,频响大于 25kHz;16 位 A/D 卡;采样间隔不大于 2μs	最大管电压不小于 250kV;最大管电流不小于 5mA;感光胶片面积不小于 40cm×20cm
云南地标	传感器 10Hz~25kHz;2 通道,16 位 A/D 卡;采样间隔不大于 10μs	信噪比大于 60dB;采样间隔不大于 0.5ns;16 位 A/D 卡;天线频率宜用 1GHz 以上;点测或连续测量
福建地标	传感器频响 1Hz~50kHz;2 通道,16 位 A/D 卡;采样频率不小于 500kHz	—
河北地标	位移或加速度传感器 800Hz~100kHz;2 通道,16 位 A/D 卡;采样间隔不大于 2μs	最大管电压不小于 250kV;最大管电流不小于 5mA;感光胶片面积不小于 40cm×20cm
浙江地标	传感器频响 1Hz~50kHz;2 通道,24 位 A/D 卡;采样频率不小于 500kHz	—
工程建设协会标准	加速度传感器 100Hz~20kHz;A/D 卡采用多通道,分辨率不低于 12bit,最大采样频率不小于 500kHz	最大管电压不小于 250kV;最大管电流不小于 5mA;感光胶片面积不小于 40cm×20cm
内蒙古地标	压电式加速度传感器 100Hz~20kHz;A/D 卡不少于 2 个采集通道,分辨率不低于 16bit,最大采样频率不小于 500kHz	—

由表 6-11 可见,基本弹性波设备都要求双通道,大多为 16 位 A/D 卡。其中协会标准要求 12 位,浙江地标要求 24 位。虽然 24 位采样更细腻,同样情况下数据量更多,但是也会造成数据处理慢,增加硬件成本。一般现场以混凝土检测为例,16 位已可满足实际要求。而采样频率多为 500kHz,即最小采样间隔为 2μs。此值越小分辨率越高,对于信号的分析更精细。而 10μs 时,以混凝土速度 4000m/s 计算,可以传播 40mm,误差会增大。

基于 X 射线的方法,两规程要求一致,可满足正常测试。而基于雷达测试方法,规程中建议为点测或者连续测量模式。而针对预应力孔道压浆,尺寸较大,连续测量模式因行进的速度不均匀会使波形产生变形,造成误判。应使用具有测距模式的设备进行采集。

6.7.3 测试数量和比例

预应力孔道压浆测试数量和比例见表6-12。

预应力孔道压浆测试数量和比例　　　　表6-12

检测相关标准规程	抽检数量
住建部规程	无具体规定
公路学会规程	每座桥不少于3片(段)梁且不少于总梁板数的5%
山西地标	随机抽检梁(板)数不少于预制梁(板)总数的10%,且每座桥梁至少3片。现浇梁不少于总孔道数的5%,且不少于5束
云南地标	中小跨径:预制梁不少于总孔道数的20%,且每座桥梁至少3片;现浇梁不少于总孔道数的20%。 大跨径:不少于总孔道数的40%
福建地标	定性:不少于总孔道数的10%,且每座桥梁至少5个孔道。定位:预制梁正弯矩不少于3%,负弯矩不少于10%,总检梁数至3个孔道;现浇梁不少于总孔道的5%,每座桥至少3个孔道
河北地标	预制梁不少于总梁数的10%,至少3片;现浇梁不少于总梁数的5%,至少5孔
浙江地标	不少于总孔道数的3%,且至少3个孔道
工程建设协会标准	预制梁不少于总梁数的10%,至少3片,不足10个时应全数检测;现浇梁不少于总梁数的5%,每座桥梁同类型孔道抽检总数应不少于10个,不足10个时,应全数检测
内蒙古地标	预制梁同一类型构件定性检测抽检数应不少于构件总数的5%,其中定位检测应不少于2%且不少于2片;现浇梁每座桥抽检预应力孔道数应不少于该桥预应力孔道总数的10%,其中定位检测应不少于孔道总数1%

6.7.4 压浆密实度的计算分析方法

(1)住建部规程:主要以频率判定

①当测得的构件厚度频率峰值 f 与无预应力孔道部分的构件厚度频率峰值 f 基本相同,或向低频轻微漂移并出现另一个高频峰值 f_s,可判断孔道内压浆密实。

②当测得的构件厚度频率峰值 f 明显小于无预应力孔道部分的构件厚度频率峰值,或向低频明显漂移并出现另一个高频峰值 f_v, f_v 约为 f_s 的 2 倍,可判断孔道内压浆不密实。

冲击回波法检测预应力预留孔道压浆质量的一般原理如图6-109所示。

(2)公路学会规程:主要以波速判定(表6-13)

波速判定　　　　表6-13

孔道材质	检测方向	等效波速	缺陷长度(m)	缺陷分级
金属	水平	降低5%~10%	≤0.4	轻度
		降低10%以上	—	重度
	竖直	降低10%~15%	≤0.4	轻度
		降低15%以上	>0.4	重度

续上表

孔道材质	检测方向	等效波速	缺陷长度(m)	缺陷分级
塑料 PVC	水平	降低 5%~10%	≤0.4	轻度
			—	重度
		降低 10% 以上	—	重度
	竖直	降低 10%~15%	≤0.4	轻度
		降低 15%~20%	>0.4	重度
		降低 20% 以上	—	重度

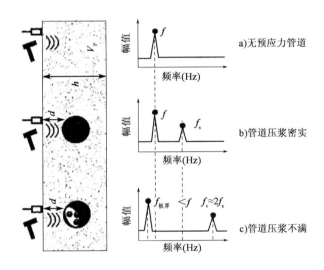

图 6-109 冲击回波法检测预应力预留孔道压浆质量的一般原理示意图

检测区间采用压浆密实度指数 D 作为定位检测的评定指标,按下式计算:

$$D = \frac{N_J \times 1 + N_X \times 0.5 + N_D \times 0}{N} \times 100\%$$

$$N = N_J + N_X + N_D$$

式中:N_J——密实测点数;

N_X——轻度缺陷测点数;

N_D——重度缺陷测点数。

当定位检测仅为局部时,用修正压浆密实度指数 D_e 来判定孔道压浆密实度,按下式计算:

$$D_e = \frac{DL_d + D_k(L - L_d)}{L}$$

式中:L_d——检测区间长度(m);

L——孔道全长(m);

D_k——单条孔道各检测区段中,压浆质量较好的连续区段的压浆密实度指数。

该连续区段的长度取检测区段的 1/2,按 D 计算。

(3)山西地标：综合判定

①定性检测：以波速、振幅能量衰减和频率综合判定。

定性检测结果以综合注浆指数 I_f 来量化表达：

$$I_f = \sqrt[3]{I_{EA} \times I_{PV} \times I_{TF}}$$

式中：I_f——综合注浆指数；

I_{EA}——全长衰减法分项注浆指数；

I_{PV}——全长波速法分项注浆指数；

I_{TF}——传递函数法分项注浆指数。

②定位检测：冲击回波定位检测结果采用冲击回波实际传播时间 t 与正常混凝土区域无预应力孔道位置处及预应力孔道未注浆位置处冲击回波的标定传播时间 t_Z、t_W 间的相对关系进行判定。

a. 若 $t < t_Z$，则测试结果存在较大偏差，应重新检测分析并对其进行复核；

b. 若 $t_Z \leq t < (3t_Z + t_W)/4$，则预应力孔道测点处注浆密实或基本密实；

c. 若 $(3t_Z + t_W)/4 \leq t < (t_Z + t_W)/2$，则预应力孔道测点处注浆存在缺陷；

d. 若 $(t_Z + t_W)/2 \leq t \leq t_W$，则预应力孔道测点处注浆存在严重缺陷；

e. 若 $t > t_W$，则不仅预应力孔道测点处注浆存在缺陷，而且此处混凝土也存在浇筑不密实、空洞等内部缺陷。

③密实性等级判定：综合判定。

桥梁预应力孔道注浆密实性采用综合注浆指数 I_f、最长注浆缺陷长度 L_{max}、注浆不密实度 β 三项指标综合判定，按最不利状况取用。其中注浆不密实度 β 见下式：

$$\beta = \frac{L_{sum}}{L} \times 100\%$$

式中：β——注浆不密实度；

L——预应力孔道总长；

L_{sum}——累计注浆缺陷长度。

(4)云南地标：主要针对固结波速、波形和频谱特征等参数判定

因其判定和分类评价共同描述，在下方评价部分详细供述。具体计算方法如下：

①预应力管道截面预应力筋包裹率计算：

$$P = \frac{n - n_u}{n} \times 100\% = \frac{n_e}{n} \times 100\%$$

式中：P——预应力管道截面预应力筋包裹率；

n——预应力筋钢绞线根数；

n_u——包裹不密实的钢绞线根数；

n_e——包裹密实的钢绞线根数。

②声波侧面检测法预应力管道注浆密实度计算：

$$D = \frac{L - L_u}{L} \times 100\% = \frac{L_d}{L} \times 100\%$$

式中：D——管道注浆密实率；

L——单根预应力管道实测长度；

L_u——注浆不密实段管道长度；

L_d——注浆密实段管道长度。

(5) 福建地标：以波速、能量、频率、波形等综合参数共同分析

①定性检测结果以综合压浆指数 I_f 来评定，当压浆饱满时，$I_f=1$；完全未压浆时，$I_f=0$。

$$I_f = \sqrt[3]{I_{EA} \times I_{PV} \times I_{TF}}$$

式中：I_f——综合注浆指数；

I_{EA}——全长衰减法分项压浆指数；

I_{PV}——全长波速法分项压浆指数；

I_{TF}——传递函数法分项压浆指数。

上式计算时需要根据压浆指数标定的基准值作为参考。

②定位检测缺陷分级见表6-14。

定位检测缺陷分级 表6-14

管道类型	测试方向	等效波速	管壁反射	缺陷长度(m)	缺陷分级
金属波纹管	侧向	降低 5%~10%		≤0.4	小规模
		降低 10%以上		—	大规模
	上下	降低 10%~15%		≤0.4	小规模
		降低 15%以上		>0.4	大规模
聚氯乙烯塑料 PVC 波纹管	侧向	降低 5%~10%	无明显反射	≤0.4	小规模
			有一定反射	—	大规模
		降低 10%以上		—	大规模
	上下	降低 10%~15%	无明显反射	≤0.4	小规模
		降低 15%以上		>0.4	大规模
		降低 15%以上	有一定反射	—	大规模

检测区间采用压浆密实度指数 D 作为定位检测的评定指标，密实度指数 D 按下式计算：

$$D = \frac{N_J \times 1 + N_X \times 0.5 + N_D \times 0}{N} \times 100\%$$

$$N = N_J + N_X + N_D$$

式中：N_J——健全测点数；

N_X——小规模缺陷测点数；

N_D——大规模缺陷测点数。

当定位检测仅为局部时，用修正压浆密实度指数 D_e 来判定孔道压浆密实度，按下式计算：

$$D_e = \frac{D L_d + D_k (L_0 - L_d)}{L_0}$$

式中：L_d——检测区间长度(m)；

L_0——孔道全长(m)；

D_k——单条孔道各检测区段中，压浆质量较好的连续区段的压浆密实度指数。

该连续区段的长度取检测区段 1/2,按 D 计算。

(6)河北地标:以波速、能量、频率、波形等综合参数共同分析

①定性检测判定。

$$I_f = \sqrt[3]{I_{EA} \times I_{PV} \times I_{TF}}$$

式中:I_f——综合压浆指数;

I_{EA}——全长衰减法分项压浆指数;

I_{PV}——全长波速法分项压浆指数;

I_{TF}——传递函数法分项压浆指数。

②冲击回波定位检测法,即等效波速法。检测结果以实际传播时间 t 来量化表达。

a. 若 $t < t_Z$,则测试结果存在较大偏差,应重新检测分析并对其进行复核;

b. 若 $t_Z \leq t < (3t_Z + t_W)/4$,则预应力孔道测点处压浆密实或基本密实;

c. 若 $(3t_Z + t_W)4 \leq t < (t_Z + t_W)/2$,则预应力孔道测点处压浆存在缺陷;

d. 若 $(t_Z + t_W)/2 \leq t \leq t_W$,则预应力孔道测点处压浆存在严重缺陷;

e. 若 $t > t_W$,则不仅预应力孔道测点处压浆存在缺陷,而且此处混凝土也存在压浆不密实、空洞等内部缺陷。

(7)浙江地标:主要以波速判定

压浆率计算值 D 按下式计算:

$$D = \frac{1}{N}\sum_{i=1}^{N} \beta_i \times 100\%$$

式中:D——压浆率计算值(%);

N——定位测点数量,测点间距宜为 10~20cm;

β_i——测点的压浆状态,无缺陷的取 1,有缺陷时应根据表 6-15 确定。

不同缺陷压浆状态取值　　　　　　　　表 6-15

管道类型	测试方向	等效波速	管壁反射	缺陷长度(m)	β_i
金属波纹管	侧向	降低 5%~10%	—	≤0.4	0.5
		降低 10% 以上	—	—	0
	上下	降低 10%~15%		≤0.4	0.5
		降低 15% 以上		>0.4	0
塑料波纹管	侧向	降低 5%~10%	无明显反射	≤0.4	0.5
			有一定反射	—	0
		降低 10% 以上	—		0
	上下	降低 10%~15%	无明显反射	≤0.4	0.5
		降低 15% 以上	无明显反射	>0.4	0
		降低 15% 以上	有一定反射	—	0

(8)工程建设协会标准:综合判定

①定性检测:以波速、振幅能量衰减和频率综合判定。

定性检测结果以综合压浆指数 I_f 来量化表达:

a. 测试预应力孔道大于60m,宜采用波速分项压浆指数I_{PV}作为压浆评价指数。即:
$$I_f = I_{PV}$$
式中:I_{PV}——根据 FLPV 法得到的分项压浆指数。

b. 测试预应力孔道不大于60m,测试条件不利于激振,或测试频率异常,宜采用I_{PV}、I_{EA}两个分项压浆指数。即:
$$I_f = (I_{EA} \cdot I_{PV})^{1/2}$$
式中:I_{EA}——根据 FLEA 法得到的分项压浆指数。

c. 测试预应力孔道不大于60m,测试条件和测试频率正常,应采用I_{PV}、I_{EA}、I_{TE}三个分项计算综合压浆指数。即:
$$I_f = (I_{EA} \cdot I_{PV} \cdot I_{TE})^{1/3}$$
式中:I_{TE}——根据 PFTF 法得到的分项压浆指数。

②定位检测:检测数据分析应以频域分析为主,并辅以其他信号处理方法,分析线性标定数据得到的时域频谱主峰,采用频谱等值线图表示,并以此作为判定孔道注浆密实度的基准。通过冲击回波定位检测判定结果,得出注浆密实度指数 D 及最长注浆缺陷长度 L_{max}。

注浆缺陷类型应根据被检构件反射(IE)信号的强弱及注浆缺陷长度等综合判定,并参考表 6-16。

注浆缺陷类型分级 表 6-16

孔道材质	检测方向	等效波速	管壁反射	缺陷长度(m)	缺陷类型
金属	水平	降低 5%~10%	无明显反射	≤0.4	小规模
		降低 10% 以上		—	大规模
	竖直	降低 10%~15%		≤0.4	小规模
		降低 15% 以上		>0.4	大规模
塑料 PVC	水平	降低 5%~10%	无明显反射	≤0.4	小规模
			有一定反射	—	大规模
		降低 10% 以上	—	—	大规模
	竖直	降低 10%~15%	无明显反射	≤0.4	小规模
		降低 15% 以上		>0.4	大规模
		降低 15% 以上	有一定反射	—	大规模

注:表格未列出情形,判定为无缺陷。

a. 检测区间采用注浆密实度指数 D 作为定位检测的评定指标,即:
$$D = \frac{1}{N}\sum_{i=1}^{N}\beta_i \times 100\%$$
式中:N——定位检测的点数;
β_i——测点的压浆状态,即无缺陷 1,小规模取 0.5,大规模取 0。

$$D = \frac{N_J \times 1 + N_X \times 0.5 + N_D \times 0}{N} \times 100\%$$

式中:N_J——无缺陷测点数;
N_X——小规模缺陷测点数;

N_D——大规模缺陷测点数。

b. 根据计算得到的注浆密实度指数 D，及最大注浆缺陷长度 L_{max}，按表6-17判定预应力孔道注浆密实度等级，不能同时满足的降一等级判定。

定位检测压浆密实度等级判定见表6-17。

定位检测压浆密实度等级判定 表6-17

孔道注浆密实度等级	最大连续注浆缺陷长度 L_{max}(m)	注浆密实度指数 D
Ⅰ类	$L_{max} \leq 0.4$	$D \geq 95\%$
Ⅱ类	$0.4 < L_{max} \leq 2.0$	$85\% \leq D < 95\%$
Ⅲ类	$L_{max} > 2.0$	$D < 85\%$

(9)内蒙古地标:综合判定

①定性检测:采用综合压浆密实度指数 I_f 作为定性检测的评定指标,当压浆密实时 $I_f=1$。完全未压浆时 $I_f=0$。

a. 测试条件不利于激振或测试频率异常,应采用FLEA、FLPV两个分项计算综合压浆指数:

$$I_f = (I_{EA} \cdot I_{PV})^{1/2}$$

式中:I_{EA}——根据FLEA法得到的分项压浆指数;

I_{PV}——根据FLPV法得到的分项压浆指数。

b. 测试条件和测试频率正常,应采用FLEA、FLPV、PFTF三个分项计算综合压浆指数:

$$I_f = (I_{EA} \cdot I_{PV} \cdot I_{TE})^{1/3}$$

式中:I_{TE}——根据PFTF法得到的分项压浆指数。

②定位检测:检测数据分析应以频域分析为主。基准测线采用频谱等值线图表示,并作为评价孔道压浆密实性的依据。缺陷分级见表6-18。

缺 陷 分 级 表6-18

检测方向	实测波速	连续测点数	缺陷分级
水平	降低小于5%	—	良好
	降低5%~10%	≤3	轻度
	降低5%~10%	>3	重度
	降低10%以上	—	重度
竖直	降低小于10%	—	良好
	降低10%~15%	≤3	轻度
	降低10%~15%	>3	重度
	降低15%以上	—	重度

a. 检测区段采用压浆密实度指数作为该区段定位检测的评定指标,即:

$$D = \frac{1}{N}\sum_{i=1}^{N}\beta_i \times 100\%$$

式中:N——定位检测的点数;

β_i——第 i 测点的注浆状态,良好取1,轻度取0.5,重度取0。

b.定位检测仅检测预应力孔道的局部时,用修正压浆密实度指数 D_e 来判定该孔道的整体压浆密实度,即:

$$D_e = \frac{DL_d + D_k(L - L_d)}{L}$$

式中:D_e——定位检测修正压浆密实度指数;

D_k——单条孔道各检测区段中,压浆质量良好的连续区段的压浆密实度指数;

L_d——检测区间长度;

L——孔道全长。

(10)山西、河北、工程建设协会标准地标:X射线法,且评定相同

X射线法检测结果采用预应力孔道区域黑度与周围实体混凝土区域黑度间的相对关系进行判定:

①若预应力孔道区域黑度明显高于周围实体混凝土区域黑度,表明该区域压浆密实性较差;

②若预应力孔道区域黑度接近或低于周围实体混凝土区域黑度,表明该区域压浆密实性较好。

由以上数据统计可得:住建部标准,因只规定检测混凝土缺陷的方法,只表述了如何判别单个位置的缺陷方法,并未专门对孔道注浆质量进行全面整体的评价。而且判定参数相对单一。其他6个标准,无论采用波速、频率、能量,还是传播时间,其原理都比较一致。只具体算法不同。公路学会、工程建设协会、山西地标、福建地标、河北地标、浙江地标、内蒙古地标针对定位检测都有完善的判定缺陷方法和统计分析方法,更为科学实用。对于孔道整体评价,只有云南、河北、山西、福建、内蒙古和工程建设协会进行了规定,更为全面。而山西与河北地标增加了压浆不密实度,其算法为缺陷长度占比总长度的百分比,反算密实度。即压浆密实度加不密实度等于1,虽然进行了修正,但整体运算更为复杂。检测孔道中包裹密实与否的钢绞线根数是比较困难的,而计算方法采用根数也是不合理的,实际压浆情况,一般为一段压浆密实或者一段压浆质量不好,不存在一根压浆密实而另一根无压浆情况。

6.7.5 预应力孔道压浆质量评定方法

(1)住建部规程:主要内容介绍冲击回波法测试对象及判定,无针对性对孔道压浆密实度进行评价分析。

(2)公路学会检测规程:定位修正压浆密实度指数 D_e,按表6-19进行评价。

压浆密实度指数评价 表6-19

评价方法	评价参数	评价结果
修正压浆密实度指数	[0.95,1.00]	压浆密实
	[0.90,0.95]	存在轻微缺陷
	[0,0.90]	存在明显缺陷

(3)山西地标:采用综合注浆指数、最长注浆缺陷长度、注浆不密实度综合判定(表6-20、表6-21)。

综合注浆指数判定　　　　　　　　　　　　　　　　　　　　表 6-20

密实性等级	综合注浆指数 I_f	最长注浆缺陷长度 L_{max}	注浆不密实度 β
Ⅰ 类	$I_f \geq 0.98$	—	—
Ⅱ 类	$0.90 \leq I_f < 0.98$	$0.3m \leq L_{max} < 1.5m$	$2\% \leq \beta < 7\%$
Ⅲ 类	$0.85 \leq I_f < 0.90$	$1.5m \leq L_{max} < 3.0m$	$7\% \leq \beta < 12\%$
Ⅳ 类	$I_f < 0.85$	$L_{max} \geq 3.0m$	$\beta \geq 12\%$

孔道注浆密实性等级分类　　　　　　　　　　　　　　　　　表 6-21

密实性等级	特　　征
Ⅰ 类	孔道注浆密实或基本密实,可正常使用,不需要处理
Ⅱ 类	孔道注浆存在缺陷,宜进行局部处治
Ⅲ 类	孔道注浆存在明显缺陷,应进行局部处治
Ⅳ 类	孔道注浆存在严重缺陷,应进行整体处治

(4)云南地标:通过波速、波形和频谱共同评价,分为全长密实度和侧面扫查评价。

①采用声波透射法,声波反射法对单个孔道注浆密实度进行全长普查时,按表 6-22 进行评定。

声波透射法判定　　　　　　　　　　　　　　　　　　　　　表 6-22

质量评定等级	固结波速(m/s)	波形和频谱特征	注浆密实度 $I(\%)$	注浆状况评价
Ⅰ	≤4300	波形衰减规律不明显,能量衰减快,频谱主频低	≥95	密实
Ⅱ	(4300,4500]	波形衰减规律欠明显,能量衰减较快,频谱成分较复杂,频谱主频较低	(95,85]	基本密实
Ⅲ	(4500,4700]	波形衰减规律较明显,能量衰减较慢,频谱主频较高	(85,75]	局部不密实或空浆
Ⅳ	>4700	波形衰减规律明显,能量衰减慢,频谱主频高	<75	多处不密实或空浆

②采用声波侧面扫查法、声波散射法和电磁波侧面扫查法对预应力孔道进行缺陷定位检测时,应按表 6-23 评定。

预应力孔道缺陷定位检测评定　　　　　　　　　　　　　　表 6-23

质量评定等级	波形和频谱特征	注浆密实度 $I(\%)$	注浆状况评价
Ⅰ	波形衰减规律不明显,散射和反射波明显,高频散射和反射信号能量弱,频谱主频低	≥95	密实
Ⅱ	波形衰减规律欠明显,散射和反射波欠明显,高频散射和反射信号能量较弱,频谱主频较低	(95,85]	基本密实
Ⅲ	波形衰减规律较明显,散射和反射波欠明显,高频散射和反射信号能量较强,频谱呈双峰状、主频较高	(85,75]	局部不密实或空浆
Ⅳ	波形衰减规律明显,散射和反射波不明显,高频散射和反射信号能量强,频谱呈双峰或多峰状、主频高	<75	多处不密实或空浆

采用两种及以上方法进行全长普查检测、侧面扫查检测时,应结合两种方法的检测结果进行综合评价。

(5)福建地标:福建地标中的压浆密实度评价方法比较见表6-24。

压浆密实度评价方法比较　　　　　　　　　　　　　　　　表6-24

评价方法	评价参数	评价结果	说　明
综合压浆指数 I	≥0.95	Ⅰ类,良好	—
	$0.8 \leq I < 0.95$	Ⅱ类	重点部位应定位复检
	<0.80	Ⅲ类,不合格	应定位复检
压浆密实度 D	≥0.95	Ⅰ类,良好	—
	$0.9 \leq D < 0.95$	Ⅱ类,合格	—
	<0.90	Ⅲ类,不合格	应复检

(6)河北地标:采用综合压浆指数、最长压浆缺陷长度、压浆不密实度综合判定(表6-25)。

综合判定　　　　　　　　　　　　　　　　表6-25

密实质量等级	综合压浆指数 I_f	最长压浆缺陷长度 L_{max}	压浆不密实度 β	特　征
Ⅰ类	$I_f \geq 0.98$	—	—	密实或基本密实
Ⅱ类	$0.90 \leq I_f < 0.98$	$0.3m \leq L_{max} < 1.5m$	$2\% \leq \beta < 7\%$	轻微缺陷,宜局部处治
Ⅲ类	$0.85 \leq I_f < 0.90$	$1.5m \leq L_{max} < 3.0m$	$7\% \leq \beta < 12\%$	明显缺陷,应局部处治
Ⅳ类	$I_f < 0.85$	$L_{max} \geq 3.0m$	$\beta \geq 12\%$	严重缺陷,应整体处治

(7)浙江地标:压浆率计算值 D 应不小于90%,且单个缺陷长度不得超过20cm,否则应进行补浆处理。

(8)工程建设协会标准。

定性检测:若综合压浆指数 $I_f \geq 0.95$,则预应力孔道压浆密实。

若综合压浆指数 $0.80 \leq I_f < 0.95$,则预应力孔道压浆基本密实或存在缺陷的可能性较小。

若综合压浆指数 $I_f < 0.80$ 时,则预应力孔道压浆存在缺陷或存在缺陷的可能性较大。

(9)内蒙古地标:根据定性检测综合压浆密实度指数 I_f 及定位检测修正压浆密实度指数 D_e,按表6-26规定进行压浆质量评价。

压浆质量评价标准一览表 表 6-26

评价指标	评价参数	评价结果	说　明	处 理 方 式
I_f	$0.95 \leq I_f \leq 1.00$	Ⅰ类	压浆密实	不处理
	$0.85 \leq I_f < 0.95$	Ⅱ类	压浆基本密实或存在缺陷的可能性较小	对梁体的锚头两端进行定位检测，每处检测的范围不应小于2m
	$0 \leq I_f < 0.85$	Ⅲ类	存在压浆缺陷或存在缺陷的可能性较大	全部定位复检
D_e	$0.95 \leq D_e \leq 1.00$	Ⅰ类	压浆密实	不处理
	$0.93 \leq D_e < 0.95$	Ⅱ类	局部轻微缺陷	局部轻微缺陷
	$0 \leq D_e < 0.93$	Ⅲ类	存在明显缺陷	存在明显缺陷

第7章 人工智能在压浆检测中的应用

7.1 人工智能概述

人工智能(Artificial Intelligence,AI),是计算机科学的一个分支,研究及开发用于模拟、延伸和扩展人类智能的理论、方法、技术及应用系统的一门新的技术科学,是源于计算机科学、控制论、信息论、语言学等学科的边缘学科。人工智能是对人的意识、思维的信息过程的模拟,其研究包括机器人、语言识别、图像识别、自然语言处理和专家系统等。

人工智能的应用领域非常广泛,例如军事活动、医学卫生、第三产业等领域。目前人工智能技术在日常生活中出现的频率越来越频繁,特别是位于英国的人工智能企业(Deepmind),已经走在行业前端,成为计算机界的"明星"。未来世界中,人工智能技术将在人们生活中扮演重要角色,也将成为衡量一个国家科技水平的重要因素。

人工智能系统的主要组成部分为基础层、技术层和应用层。基础层主要包括硬件平台、计算能力和数据资源方面。技术层涉及程序算法、模型及可应用技术,包括算法和与操作系统类似的框架,其中的算法是指对数据的处理方法,主要包括传统机器学习、神经元网络、贝叶斯网络、集成学习、随机森林等。

应用层的对象为各领域的终端,如机器人、虚拟客服等。

7.2 人工智能的基本理论及相关技术

7.2.1 人工智能的基本理论

目前,人们对智能的研究,大多数是从多种角度把对人脑的认识与智能的特征结合起来,因此提出的观点亦不相同。其中,影响研究观点较大的主要因素有思维理论、知识阈值理论及进化理论等。一般情况下,智能是知识与智力的总和。其中,知识是一切智能行为的基础,而智力是获取知识并运用知识求解问题的能力。具体地说,智能具有下述特征:

(1)具有感知能力

感知能力是指人类通过不同的器官感知自然界的能力。感知是人类最基本的生理、心理现象,是获取外部信息的基本途径,人类的大部分知识都是通过感知获取有关信息,然后经过大脑加工获得的。感知是产生智能活动的前提与必要条件。

(2)具有记忆与思维的能力

记忆与思维是人脑最重要的功能,亦是人类具有智能的根本。记忆用于存储思维产生的信息以及由感觉器官感知到的外部信息;思维是对记忆的信息进行分析,即利用已有的知识对信息进行分析、联想、决策等,是一个动态过程,是在利用知识以及运用知识求解问题的过程。思维可分为逻辑思维、形象思维以及在潜意识激发下获得灵感而"忽然开窍"的顿悟思维等。

需要注意的是,人的记忆与思维是紧密联系且密不可分,其物质基础都是由神经元组成的大脑皮质,通过相关神经元此起彼伏的兴奋与抑制实现记忆与思维活动。

(3)具有学习能力及自适应能力

学习是人类的本能,随时随地进行,是自觉有意识的,也可能是不自觉无意识的;既可以是有指导的,也可以是自己的实践。总之,可以通过与环境相互作用,不断地进行学习,并积累知识,充实并完善自己。

(4)具有行为能力

人们通常用语言或者某个表情、眼神及形体动作来对外界的刺激作出反应,传达某个信息,这称为行为能力或表达能力。如果把人们的感知能力看作是用于信息的输入,则行为能力就是用作信息的输出,它们都受到神经系统的控制。

7.2.2 人工智能研究的基本内容

人工智能的研究内容有很多领域,不同的研究领域,其研究侧重点也不同。在此,我们在较大范围讨论人工智能的基本研究内容。一般认为,其应包括以下方面:

(1)机器感知

所谓机器感知就是使机器(计算机)具有与人类相似的感知能力,涉及的主要方面为机器视觉与机器听觉。识别并理解文字、图像、物景等归于机器视觉;让机器能识别并理解语言、声响等归于机器听觉。基于此,人工智能中形成了模式识别与自然语言理解等研究领域。

(2)机器思维

机器思维是指对机器感知的外部信息及机器内部的工作信息进行有目的的处理。与人类的智能来自大脑的思维活动类似。因此,机器思维是人工智能研究中最重要、最关键的部分。为了实现机器能模拟人类的思维,使它既能像人类进行逻辑思维,又能进行形象思维,需要开展的研究工作如下:

①知识的表示。
②知识的组织、累积、管理。
③知识的推理。
④各种启发式搜索及控制策略。
⑤神经网络、人脑的结构及其工作原理。

(3)机器学习

机器学习可以实现让计算机具备类似人类学习的相关能力,并不断自我完善,克服人类的学习局限。如效率低下、注意力分散等。

(4)机器行为

机器行为主要是指计算机的表达能力,即"说""写""画"等。对于智能机器人,它还应具有人的四肢功能,即能走路,能取物、能操作等。

(5)智能系统及智能计算机的构造技术

为了实现人工智能的目标,需要建立智能系统及智能机器,为此需要开展对模型、系统分析与构造技术、建造工具及语言等的研究。

7.2.3 机器学习

机器学习(Machine Learning)是人工智能中重要的研究领域,被认为是人工智能的基础。机器学习涉及面广,与计算机科学、心理学等学科相关,而且许多问题尚处于研究之中,因此,本章仅对它的基本概念和术语简要叙述。

(1)基本概念

"学习"是机器学习的核心,一般可认为,学习是有特定目的的获取知识的过程,内在核心是获取知识、积累经验、发现规律;实现改进性能、适应环境、实现系统的自我完善。

(2)机器学习

机器学习是要使计算机能模拟人的学习行为,自动地通过学习获取知识和技能,不断改善性能,实现自我完善。

作为人工智能的主要研究领域之一,机器学习的研究工作主要包括以下三个基本方面:

①学习机理。研究人类的学习机制,研究内容包括人类获取知识、技能和抽象概念能力等。可从根本上解决机器学习中存在的问题。

②学习方法。研究人类的学习过程,探索学习方法,建立独立于具体应用领域的学习算法。

③面向任务。根据不同任务,建立相应的学习系统。

(3)学习系统

为了使计算机系统具有某种程度的学习能力,使它能通过学习增长知识、改善性能、提高智能水平,需要为它建立相应的学习系统。一个学习系统应具有如下条件和能力:

①合适的学习环境。

②具备一定的学习能力。

③利用所学知识求解问题。

④能提升系统的性能。

通过学习,系统应能增长知识,提高技能,改善系统的性能,使它能完成原来不能完成的任务,或者比原来做得更好。

一般而言,学习系统应具备环境、学习、知识库、执行与评价基本部分组成,各部分之间的关系如图7-1所示。

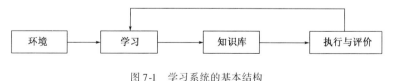

图7-1 学习系统的基本结构

7.2.4 人工智能的算法概述

(1) 基础概念

数据集(Dataset)是数据的集合。列表(Tabulation)是指数据集仅存在单一变量,通过该变量发生变化而形成的数据集,也称为单数列集。定义该自变量为特征(Feature),因变量为标签(Label),二者之合为一个样例(Sample),列表就是通过样例的组合形成的。一般情况下,列表是指一个完整的集合,但有时也不完整,这时我们将缺失的自变量(因变量)称为缺失数据(Missing Data)。当因变量因素出现多个时,此时的数据集合为多重集。在机器学习中,数据集包括训练数据(Training Data)与测试数据(Testing Data)。通过对大量数据的处理与分析,将不同变量之间的联系提炼成函数关系的数据称为训练数据,而测试数据用于对训练数据得出的关系进行检验。

在机器学习中,根据学习过程受监督情况,可分为监督学习、无监督学习和半监督学习。其中,监督学习主要用于分类和回归,无监督学习主要用于聚类(异常分析)、主成分分析(降维)和关联分析等。

(2) 分类(Classify)

分类(如检测是否为缺陷)是机器学习和模式识别中很重要的一环,分析方法(也称为分类器)有很多,常用的有:

① 贝叶斯(Bayes)

贝叶斯分类法是基于贝叶斯定理的统计学分类的方法。该方法是通过预测给定的元组属于特定类的概率来进行分类,该方法还可以分为朴素贝叶斯(Naive Bayes)和贝叶斯网络(Bayes Networks)。该分类法所需的参数少,对缺失数据不敏感,而且要求属性之间相互独立,这往往并不成立。

② 决策树算法(Decision Tree)

该算法分类器相对较简单,且使用广泛,它通过训练数据构建决策树,对未知的数据进行分类。决策树在分离节点时利用了信息熵(Information Entropy)的分类方法。

决策树的优点:不需要任何领域知识或参数假设,适合高维数据,简单易于理解且运行速度快等。但对于各类别样本数量不一致数据,信息增益偏向于具有更多数值的特征,且易于过拟合。

③ 支持向量机(Support Vector Machine,SVM)

支持向量机把分类问题转化为寻找分类平面的问题,并通过最大化分类边界点距分类平面的距离来实现分类。SVM适合解决高维、非线性问题,但对缺失数据敏感。

④ 最近邻(K-Nearest Neighbor,KNN)

KNN是找到最近k个邻居(样本),在前k个样本中选择频率最高的类别作为预测类别。KNN是最简单的机器学习算法之一,也是基于实例的学习方法中最基本的算法之一,简单、有效,适用于样本容量比较大的类域的分类。但KNN算法是懒散学习方法(Lazy Learning,基本上不学习),增加训练集对提高精度的作用不大,且输出的可解释性不强。

⑤ 逻辑回归(Logistic Regression,LR)

逻辑回归利用已知的自变量来预测一个离散型变量的值,也就是通过拟合一个逻辑函数来预测一个事件发生的概率。其计算快,易于理解但容易欠拟合,分类精度可能不高。

⑥人工神经网络(ANN)

人工神经网络,简称神经网络或类神经网络,是一种模仿生物神经网络结构和功能的数学模型或计算模型,用于对函数进行估计或近似。ANN的分类准确率通常较高、学习能力强、不易受噪声影响。但结果难以解释,训练时间过长。

⑦集成学习(Ensemble Learning)

为了提高分类器的精度,可以采用多个分类器预测,再采用某种集成策略进行组合,最后综合判断输出最终结果。常用的有 Boosting、Bagging 和随机森林(Random Forest)等。

(3)回归(Regression)

与分类不同,回归的目的是预测连续性数值型的目标值。常用的方法有:

①显式方程回归

回归最直接的办法是依据输入写出一个目标值的计算公式,该公式就是所谓的回归方程(Regression Equation)。求回归方程中的回归系数的过程就是回归。根据方程的类型,又有线性回归和非线性回归。其中,线性回归最常用,可采用最小二乘法来拟合回归系数,概念简单,运算方便,但容易欠拟合,预测误差较大。非线性回归通常采用多项式回归。

②树回归

尽管线性回归包含了一些强大的方法,但当数据拥有众多特征并且特征之间的关系比较复杂时,构建全局线性模型就会非常困难。并且,在实际生活中很多问题都是非线性的,很难通过全局线性模型来拟合所有数据。

解决上述非线性数据的拟合问题的一个可行的方法是,将数据集切分成很多份容易建模的数据,然后再利用线性回归方法来对切分后的数据子集分别建模,如果切分后仍难以拟合线性模型就继续切分。这样,就可以比较好地拟合全局数据。其中,代表性的方法就是 CART(Classification And Regression Trees)算法,即分类回归树算法,该算法既可以用于分类,也可以用于回归,是一种比较强有力的算法。

(4)聚类(Clustering)

聚类算法是无监督学习,只有数据,而没有标记。也就是在没有给定划分类别的情况下,根据样本相似度进行样本分组,属于无监督学习。通常,聚类根据数据自身的距离或相似度划分为若干组,划分的原则是组内距离最小化而组间距离最大化。常见的聚类算法主要包括K均值算法和层次聚类法。

①K均值聚类(K-Means)

K-Means 算法是典型的基于距离的非层次聚类算法,在最小化误差函数的基础上将数据划分为预定的类数 K,采用距离作为相似性的评价指标,即认为两个对象的距离越近,其相似度就越大。该方法原理简单,实现容易,容易解释,总体效果不错。但 K-Means 算法对异常值(噪声)敏感,并需要提前确定 K 值(提前确定多少类),而且分类结果依赖于分类中心的初始化。

②层次聚类法(Hierarchical Clustering)

层次聚类法是一种通用的聚类算法,它通过自下而上合并或自上而下拆分来构建嵌套聚类。这种簇的层次结构表示为树(或树状图),树的根汇聚所有样本,树的叶子是各个样本。层次聚类最主要的优点是集群不再需要假设为类球形,还可以扩展到大数据集。但该算法需要预先设定集群的数量(即在算法完成后需要保留的层次)。

(5)主成分分析(Principal Component Analysis,PCA)

在许多领域的研究与应用中,往往需要对反映事物的多个变量进行大量的观测,收集大量数据以便进行分析寻找规律。多变量大样本无疑会为研究和应用提供丰富的信息,但也在一定程度上增加了数据采集的工作量,更重要的是在多数情况下,许多变量之间可能存在相关性,从而增加了问题分析的复杂性,同时对分析带来不便。如果分别对每个指标进行分析,分析往往是孤立的,而不是综合的。盲目减少指标会损失很多信息,容易产生错误的结论。因此需要找到一个合理的方法,在减少需要分析的指标同时,尽量减少原指标包含信息的损失,以达到对所收集数据进行全面分析的目的。由于各变量间存在一定的相关关系,因此有可能用较少的综合指标分别综合存在于各变量中的各类信息。

主成分分析是一种统计方法,也属于无监督学习范畴。通过正交变换将一组可能存在相关性的变量转换为一组线性不相关的变量,转换后的这组变量叫主成分。数据分析中常使用 PCA 给数据降维,它能在指定的损失范围内最大化地简化属性。

(6)关联分析(Association Analysis)

关联规则挖掘算法(Association Rules)是一种较为常用的无监督学习算法,与分类、聚类等算法不同的是,这一类算法的主要目的在于发掘数据内在结构特征之间的关联性。就是在大规模的数据集中寻找一些有意义有价值的关系。有了这些关系,一方面,可以帮助我们拓宽对数据及其特征的理解;另一方面,则可以实现推荐系统的构建与应用(例如购物篮分析等)。经典的关联规则挖掘算法包括 Apriori 算法和 FP-growth 算法。

①Apriori 算法

Apriori 算法是挖掘布尔型关联规则的最为经典、最为基础的算法。Apriori 这个单词在拉丁语中的意思是"来自以前",也可拆开为"a priori",即一次先验。算法的目标是找到出现频率高的简单规则。Apriori 算法的优点是易于理解,缺点是计算量大。

②FP-growth 算法

FP-growth 算法的基础是 Apriori 算法,FP 是 Frequent Pattern 的缩写,代表频繁模式。和 Apriori 多次扫描原始数据相比,FP-Growth 算法则只需扫描原始数据两遍,把数据存储在 FP-Tree 结构中。因此,FP-growth 比 Apriori 快得多,在大数据集上表现更佳。

7.2.5 人工智能常用的开源数据挖掘平台

近年来,大数据、人工智能等方面得到了突飞猛进的发展和应用,并逐渐从少数人的理论研究向大众化的应用转变。例如,当前已有各种类型、功能的商业及开源软件,供专业技术人员掌握和应用,在众多可用于大数据分析的工具中,本节选取典型的三项进行简单介绍:

(1)R

R 是开源编程语言和软件环境,被设计用来进行数据挖掘/分析和可视化。在执行计算密集型任务时,在 R 环境中还可以调用 C + 和 Fortran 编写的代码。此外,专业用户还可以通过 C 语言直接调用 R 对象。R 语言是 S 语言的一种实现。而 S 语言是由 ATB-T 贝尔实验室开发的一种用来进行数据探索、统计分析、作图的解释型语言。

（2）Rapid Miner

Rapid Miner 是用于数据挖掘、机器学习、预测分析的开源软件。Rapid Miner 提供的数据挖掘和机器学习程序包括：数据加载和转换（ETL）、数据预处理和可视化、建模、评估和部署。该软件是由 Java 编程语言编写的，其中还集成了 Weka 的学习器和评估方法，并可以与 R 语言进行协同工作。Rapid Miner 中的功能均是通过连接各类算子（Operator）形成流程（Process）来实现的，整个流程可以看作是工厂车间的生产线，输入原始数据，输出模型结果。算子可以看作是执行某种具体功能的函数，不同算子有不同的输入输出特性。

（3）Weka/Pentaho

Weka 的全名是怀卡托智能分析环境，是一款免费的、非商业化的、基于 Java 环境下开源的机器学习以及数据挖掘软件。Weka 提供的功能有数据处理，特征选择、分类、回归、聚类、关联规则、可视化等。而 Pentaho 则是世界上最流行的开源商务智能软件。它是一个基于 Java 平台的商业智能（Business Intelligence，BI）套件，之所以说是套件是因为它包括一个 Web Server 平台和几个工具软件：报表、分析、图表、数据集成、数据挖掘等，可以说包括了商务智能的各个方面。在 Pentaho 中集成了 Weka 的数据处理算法，可以直接调用。

Weka 与 RapidMiner 相比优势在于，Weka 在 GNU 通用公共许可证下是免费的，用户可以按照自己的喜好选择自定义。

7.3 人工智能在压浆检测中的应用

7.3.1 概述

目前，在预应力孔道压浆质量的无损检测中，检测精度高度依赖于操作人员的判断水平，为检测结果的客观性、一致性等带来不利影响，同时也增加了操作人员的负担。为此，基于人工智能（AI）的辅助判定手段应运而生，以提高检测精度和降低作业难度。利用人工智能对压浆检测数据进行处理，包括分类、回归及聚类等功能，其主要对象有：

（1）分类：孔道压浆（有无）的识别。

（2）回归：数值指标，如厚度、深度、强度、弹性模量等的回归。

（3）聚类：结构损伤程度的划分等。

相比单纯的人工分析，采用人工智能的方法具有以下优点：

（1）适合于多参数分析

人工智能可以进行多参数联合分析（同时分析多参数联合变化的规律），而人工只能同时分析判别少数几个联动的参数，且准确度很难保证，受人员的技术影响较大。因此，在边界条件复杂、分析参数较多时，基于人工智能的方法具有很大的优势。

孔道压浆质量检测原理可简单理解为：将检测信号通过结构参数（厚度、孔径、波纹管材质）、检测参数（激振方向）、测试信号参数（激振信号特征、频谱特征等）以及计算参数（SPS、反射 Vp 等）等，共计 18 个特征参数进行表示，当检测孔道存在缺陷时，特征值中的一个或多个存在差异，针对波速延迟这一特征，大多数情况下，该特征并不明显，人工判定就会比较困难,此时,多特征值的情况下,人工分析时,辨别缺陷的准确率会大幅降低。同时考虑多个特征参数的变化规律显得异常困难。人工智能就是专门解决这种问题,AI通过对已有的数据进行学习,总结分析数据变化的规律从而具备对缺陷的分辨能力。

(2)客观性强,准确度(误差)稳定性好

由于基于人工智能的孔道压浆检测分析是建立在较多数量的训练集的基础上的,因此,其预测准确度相对比较稳定、可靠。

(3)准确度可不断提高

随着已知结果的训练(验证)数据的不断积累,预测准确度也会随之不断提高。同时,训练模型还可以传承。

利用人工智能来提高检测准确度,需要注意的是:

(1)学习(训练)数据

训练数据的质量是人工智能判断的基础,训练集的好坏与判断的准确度息息相关。不断提高训练数据的质量,后期的训练集的判断精度会逐渐提高。

(2)特征值和参数

被选作的特征参数,是能够较好区分被检对象缺陷的参数,并自定义参数。

(3)模型的选取和训练

如前所述,人工智能的分类方法众多,各方法特点不同,应根据检测对象选取。对确定的方法,采用已知结果的数据进行训练,并得到相应的参数,即建立了检测用的模型。

(4)模型的评估

对模型的评估,采用的主要方式是利用模型作用于实际的孔道检测,比如孔道压浆质量的人工智能模型,将检测数据输入模型,自动判断孔道内的缺陷位置,并通过验证最后统计判断正确比例。

需要说明的是,作为验证的样本集不是无限的,在实际计算时的样本集的选择以及计算方法多样,对于需要解决实际问题时,需要考虑的因素包括:

①明确判断设计模型的适用性以及优劣评定。

②出现模型应用效果不佳时,改进方法的确定。

③基于具体问题对学习模型的确定。

(5)实际应用

人工智能的应用领域,主要包括边缘计算(Edge Computing)和远程访问计算(Remote Access Computing System,RAC)。其中,边缘计算靠近数据源头,采用网络、计算、存储、应用核心能力为一体的计算分析。远程访问计算是利用通信线路,远距离提交任务并执行计算,完成计算结果接收。即检测人员将检测数据远程提交到服务器,由服务器系统AI模型进行分析并返回计算结果。

7.3.2 预测模型的验证与评价

在对孔道压浆质量进行人工智能分析时,可能出现实际判断的结果不理想,其主要原因是训练样本有限,导致模型将训练特征看作是所有样本空间共有特征,导致泛化能力下降,这种现象称为过拟合(Over-fitting)现象。当出现过拟合时,可以通过扩大训练集数据容量的手段,降低相应影响因素对模型的干扰,以达到使模型学习到更多数据关键特征的目的。与过拟合相对立的现象为欠拟合(Under-fitting),出现欠拟合现象的主要原因是模型未能准确地学习到数据的主要特征,可以尝试对算法进行适当的调整,如使算法复杂化来解决欠拟合问题。适度拟合、欠拟合和过拟合示意如图7-2所示。

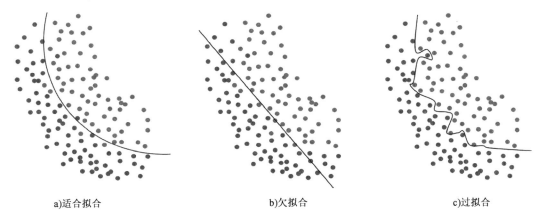

图7-2 适度拟合、欠拟合和过拟合示意

由于无法得到泛化误差,而训练又存在过拟合现象,因此评价模型的优劣,需要从两方面指标考虑,包括选择合适的样本集和评价指标。

(1)选择合适的样本集

在 AI 分析中,通常有三种数据:训练集(Training-Set)、评估集(Validation Set)和测试集(Testing-Set)。如果将已知的全部用于训练,有时候会发现尽管拟合程度挺好(初试条件敏感),但是对于训练集之外的测试数据的拟合程度却不令人满意。其原因一般在于模型训练时的过拟合。

因此,将数据集分出一部分来(这一部分不参加训练)对训练集生成的参数进行测试,相对客观地判断这些参数对训练集之外的数据的符合程度。这种思想就称为交叉验证(Cross Validation),常用的方法有 K 折交叉验证和留一验证。

(2)评价指标

通常我们把训练集上的误差称为训练误差(Traning Error),把新样本上的误差称为泛化误差(Generalization Error)。通常我们的目标就是要得到泛化误差(Error)小的模型,泛化误差越小越好。泛化误差可分解为偏差(Bias)的平方、方差(Variance)和噪声之和。

在一个训练集 D 上模型 f 对测试样本 x 的预测输出为 $f(x;D)$,那么学习算法 f 对测试样本 x 的期望预测(亦即均值)为:$\bar{f}$,如真值为 y,则偏差和方差如下。

偏差(Bias):预测(期望)输出与真实标记的差别。

$$\text{Bias}^2(x) = [\bar{f}(x) - y]^2 \tag{7-1}$$

方差(Variance):不同的训练数据集训练出的模型的输出值之间的差异,它表示了模型的稳定程度。

$$\text{Var}(x) = E_D\{[f(x;D) - \bar{f}(x)]^2\} \tag{7-2}$$

偏差与方差概念示意如图7-3所示。

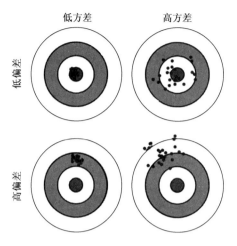

图7-3 偏差与方差的概念示意

通常,模型越复杂,其偏差容易降低而方差会增加(图7-4)。一个理想的模型,可以认为是泛化误差最小的模型。

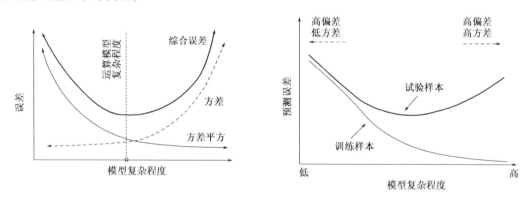

图7-4 模型复杂程度与偏差、方差关系

在一个实际系统中,Bias与Variance往往是不能兼得的。如果要降低模型的Bias,就一定程度上会提高模型的Variance,反之亦然。造成这种现象的根本原因是,检测实验总是希望试图用有限训练样本去估计无限的真实数据。当更加相信这些数据的真实性,而忽视对模型的先验知识,就会尽量保证模型在训练样本上的准确度,这样可以减少模型的Bias。但是,这样学习到的模型,很可能会失去一定的泛化能力,从而造成过拟合,降低模型在真实数据上的表现,增加模型的不确定性。相反,如果更加相信对于模型的先验知识,在学习模型的过程中对模型增加更多的限制,就可以降低模型的Variance,提高模型的稳定性,但也会使模型的Bias增大。

模型过于简单时,容易发生欠拟合(Under-fitting);模型过于复杂时,又容易发生过拟合(Over-fitting)。为了达到一个合理的Bias-variance的平衡,此时需要对模型进行认真的评估。而常用的方法就是利用Training Set和K-fold Cross Validation(K折交叉验证)的误差—训练数据的关系。训练样本数量与误差的关系见图7-5。

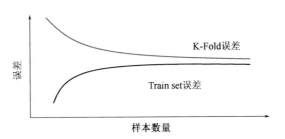

图 7-5　训练样本数量与误差的关系

7.3.3　AI 辅助检测判断的流程

（1）AI 辅助孔道压浆质量检测，首先需要准备数据特征参数。

对测试的信号数据，在频域上进行分析，提取特征参数（如弹性波波速、激振锤型号等），以及各个测点的参数统计值、变化率、相关测试信息等。该方法数据量少，学习训练和分析速度快，但在提取特征方面需要花费较大的工夫。

（2）准备训练集。

训练集的数据，需要的是验证正确的检测数据。

（3）选取算法和训练模型。

如前所述，机器学习的算法有很多。其中，对于工程无损检测，浅层学习的贝叶斯网络、随机森林、神经元网络、回归树、深度学习等都是有效的方法。

（4）对模型的精度、泛化能力进行评估。

（5）在边缘端或远程服务器端配置训练、评估好的模型，投入实际应用。

（6）在实际应用中对模型不断地验证和提高泛化能力和预测精度。

AI 辅助检测判断的流程如图 7-6 所示。

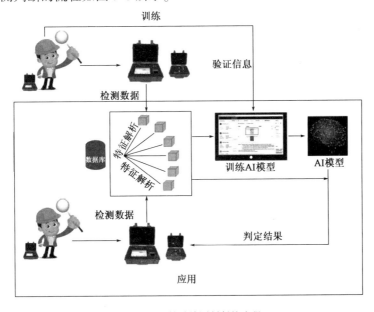

图 7-6　AI 辅助检测判断的流程

7.3.4 基于人工智能的孔道压浆检测的应用

通过搜集已经开孔验证的压浆数据,进行模型训练形成训练集,并基于该训练模型进行现场实际应用,初步来看,验证结果良好,但因训练数据样本容量有限,模型与验证对象有一定的差异性,验证结果与实际有一定偏差,但通过不断丰富训练数据,AI 判断的准确度会不断提升。

(1)验证数据及训练模型

采用机器学习对现场检测数据(经过验证开孔为缺陷的数据)中开孔为孔洞和密实孔道的信号特征进行训练和识别。数据及训练集模型具体情况如下:

①数据

分析数据包括激振信号特征、频谱特征(FFT、MEM)等共计 9 个参数。同时,对于内部状况分为 3 类,即 sound(健全)、defect(有缺陷)和 uncertain(过渡段,不确定)。

②训练集模型

采用了贝叶斯网络和人工神经元网络建立预测模型(图 7-7),并采用集合学习的方法用以提高分析精度。

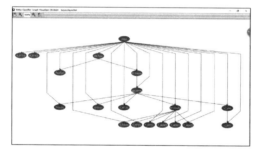
a)贝叶斯网络模型

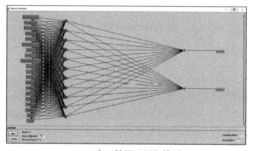
b)人工神经元网络模型

图 7-7 AI 检测模型

训练数据如下:

a. 有效数量:3050。

b. 正例(SOUND):1396。

c. 负例(DEFECT):1654。

d. 波纹管类型:铁皮、塑料。

e. 管径范围:60～80mm。

f. 壁厚范围:0.18～0.5m。

g. 测试方向:水平、竖直。

h. 传感器:S21C + 专用支座。

预应力孔道压浆测试验证数据见表 7-1。

预应力孔道压浆测试验证数据一览表　　　表 7-1

行　号	波纹管类型	管径(mm)	测试日期、地点	墙厚(mm)/斜面
1～316	Plastic(塑料)	80	2018.03 石家庄、模型	400/Flat
317～441	Plastic(塑料)	77	浙江某高速公路	250/Flat

续上表

行　号	波纹管类型	管径(mm)	测试日期、地点	墙厚(mm)/斜面
442～507	Plastic（塑料）	77	武汉某市政桥梁	220～250/Inclined
508～531	Plastic（塑料）	60	广东某大桥	250/Flat
532～632	Plastic（塑料）	60	内蒙古空心板	300/Flat
633～732	Plastic（塑料）	60	昆明、模型梁	400/Flat
733～1190	Plastic（塑料）	60	九江、模型梁	200/Flat
1191～1280	Iron（金属）	60	南京某预制梁	180～270/Inclined
1281～1456	Iron（金属）	60	广州交通某预制梁	250～290/Inclined
1457～2848	Plastic（塑料）	60	马尔代夫、现浇板	320/Flat
2849～3050	Iron（金属）	80	杭州、预制梁	200～500/Inclined

对训练数据采用10折交叉验证(10-fold-Cross-Validation)的精度情况为：

a. 分析精度为85%～89%；

b. 由于DEFECT(有缺陷)的数据较多,所以DDR较高,但DMR误差率还不够十分理想(表7-2)。

各种识别模型的准确率比较　　　　　　　　　　　　　　　表7-2

模　型	验　证	准　确　率(%)	DDR	DMR
贝叶斯网络（二层）	全部训练	89.0	95.0%	18.1%
	交叉验证	88.2	93.2%	17.8%
人工神经元网络	全部训练	89.9	94.9%	16.0%
	交叉验证	85.3	87.9%	17.7%
贝叶斯网络+AdaBoost	全部训练	91.4	91.8%	9.0%
	交叉验证	89.1	91.9%	14.1%
神经元网络+AdaBoost	全部训练	92.0	95.7%	12.5%
	交叉验证	85.0	87.4%	17.8%

注：DDR(Defect Detection Rate,缺陷检出率)是将缺陷部位正确检出的比率；DMR(Defect Misjudged Rate,误判缺陷率)是指将健全部位误判为缺陷的比率。

准确率(Accuracy)的计算方式如下：

$$A = \frac{P_1 + P_2}{N} \tag{7-3}$$

式中：P_1——密实正判数据条数；

　　　P_2——缺陷正判数据条数；

　　　N——总测试次数。

（2）AI预测验证案例一（河北石家庄）

①概述

验证对象位于河北某单位场地内的压浆模型,为2片模型梁,长度为10m,腹板厚度0.40m,每片梁各3个孔道,塑料波纹管,管径约0.08m,管内无钢绞线,但均有不同程度的人工预设缺陷。利用既有 AI 训练模型对模型压浆缺陷进行测试和比较。

②验证结果

AI 识别准确率见表 7-3。

AI 识 别 准 确 率 表 7-3

全体		压浆率 95%~100%		压浆率 80%~90%		压浆率不足 80%	
测点数	准确率	测点数	准确率	测点数	准确率	测点数	准确率
306	83.3%	70	60%	42	76%	194	93%

由表 7-3 可以看出：

a. 对于明显的缺陷(压浆率<80%)，识别精度好，准确率达到 93%。

b. 对于压浆质量良好的部位，识别精度较低。可能原因有测点数较少、缺陷实际情况与设计存在差异等原因，也可能与训练模型有关，需要进一步改善。

（3）AI 预测验证案例二（国外）

①概述

验证对象为国外某跨海大桥的桥面横向预应力孔道，具体位置为翼缘板以及等厚段的顶板。测试部位请参考图 7-8。

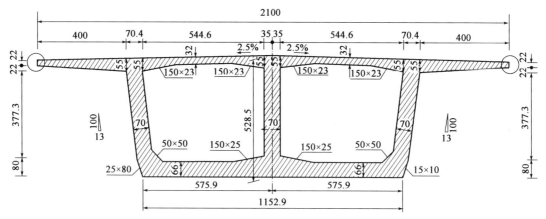

图 7-8 横向预应力束检测分布（尺寸单位：cm）

②验证结果

以 1457 个测点作为评判依据，比较了 AI、人工判断的准确性（表 7-4）。

数据分析结果统计表 表 7-4

项 目	总 数	一致数量	准 确 率	DDR	DMR
AI 分析与人工	1457	1099	75.43%	—	—
人工分析与开孔	1457	1080	74.12%	73.23%	21.48%
AI 分析与开孔	1457	1351	92.72%	75.22%	4.94%

由表 7-4 中统计结果可见：

a. AI 判断的准确性达到了 92.7%，大幅超过了人工判断的数据。

b. AI 和人工的缺陷检出率（DDR）相差不大，均在 75% 左右。

c. AI 的误判缺陷率（DMR）远小于人工。

参 考 文 献

[1] 贺栓海,赵祥模,马建,等.公路桥梁检测及评价技术综述[J].中国公路学报,2021,30(11):63-80.

[2] 《中国公路学报》编辑部.中国桥梁工程学术研究综述2021[J].中国公路学报,2021,34(2):1-97.

[3] 中华人民共和国住房和城乡建设部.冲击回波法检测混凝土缺陷技术规程:JGJ/T 411—2017[S].北京:中国建筑工业出版社,2017.

[4] 中国公路学会.公路桥梁预应力孔道压浆密实度冲击弹性波检测技术指南:T/CHTS 10012—2019[S].北京:人民交通出版社股份有限公司,2019.

[5] 云南省质量技术监督局.桥梁预应力管道注浆密实度检测技术规程:DB53/T 811—2016[S].北京:人民交通出版社股份有限公司,2018.

[6] 浙江省质量技术监督局.公路桥梁后张法预应力施工技术规范:DB33/T 2154—2018[S].北京:人民交通出版社,2000.

[7] 中国工程建设标准化协会.桥梁预应力孔道注浆密实度无损检测技术规程:T/CECS 879—2021[S].北京:中国计划出版社,2021.

[8] 吴新璇.混凝土无损检测技术手册[M].北京:人民交通出版社,2003.

[9] 叶见曙,张峰.预应力混凝土连续箱梁调查研究报告[R].东南大学交通学院桥梁与隧道研究所,2004.

[10] 山西省交通科学研究院.桥梁预应力孔道施工质量隐患无损检测方法的应用研究[R].山西省交通运输厅科技项目报告,2014.

[11] 吴佳晔,刘秀娟.预应力孔道灌浆密实度检测技术的现状与发展[J].市政技术,2013,31(04):17-22.

[12] 浙江省交通建设工程监督管理局.基于弹性检测技术的预应力混凝土梁灌浆密实度检测评价体系研究[R].浙江省交通运输厅科技项目报告,2015.

[13] 内蒙古自治区交通建设工程质量监督局.公路混凝土桥梁预应力锚固体系质量检测评估技术[R].内蒙古自治区交通运输厅科技项目报告,2020.

[14] 吴佳晔,张志国,高峰.土木工程检测与测试[M].北京:高等教育出版社,2015.

[15] 张全升,吴佳晔,魏永高.预应力梁孔道灌浆质量的无损检测技术对比研究[J].公路交通科技(应用技术版),2010,6(12):249-252.

[16] 张武毅.预应力孔道灌浆密实度检测评价技术体系的研究[J].四川理工学院学报(自然科学版),2015,28(01):46-49.

[17] 梁波,何文政.预应力混凝土梁孔道灌浆密实度无损检测技术的研究及应用[J].现代交通技术,2016,13(02):53-57.

[18] 高璇.冲击回波法在检测预应力混凝土孔道灌浆密实度中的应用研究[D].石家庄铁道大学,2018.

[19] 张全升,吴佳晔,魏永高.预应力梁孔道灌浆质量的无损检测技术对比研究[J].公路交通科技(应用技术版),2010,6(12):249-252.

[20] 乔文庭,高源.混凝土桥梁梁板预制质量控制方法研究[J].内蒙古公路与运输,2015(04):9-12.

[21] 乔文庭,吴佳晔,贾其松,等.一种预应力孔道灌浆密实度的测量装置及方法[P].四川省:CN112229915B,2021-03-09.

[22] 吴佳晔,朱纪刚,张俊光,等.一种预应力孔道灌浆密实度测试方法[P].四川省:CN107179351B,2019-11-12.

[23] 张俊光,吴佳晔,耿红斌,等.一种桥梁预应力孔道灌浆密实度检测装置[P].内蒙古:CN206020336U,2017-03-15.

[24] 徐东丰,徐刚,祁德秀.冲击弹性波法定位测试预应力孔道压浆密实度质量的优化分析及改进技术研究[J].公路交通科技(应用技术版),2020,16(10):246-252.

[25] 赵建铧.预应力孔道密实度检测的技术现状及发展趋势研究[J].工程质量,2020,38(S1):104-109.

[26] 徐建达,杨超,季文洪,等.预应力管道压浆质量无损检测技术综述//第十四届全国混凝土及预应力混凝土分会学术会议论文[C].北京:2007.

[27] 邓屹松.预应力孔道注浆状态对大跨PC箱梁桥受力性能影响研究[D].长沙:湖南大学,2011.

[28] 栾健.预应力管道灌浆质量检测的试验研究[D].长沙:中南林业科技大学,2011.

[29] 张一新.桥梁预应力孔道弹性波传播特性研究[D].重庆:重庆交通大学,2012.

[30] Sansalone M,Street W.冲击回波法及其现场型仪器在砼结构无损检测中的应用[A].土木工程无损检测国际会议译文集[C].1997.

[31] 谭少海,刘德坤.预应力管道压浆质量无损检测方法对比研究[J].中外公路,2018,38(06):157-161.

[32] 渠广镇,周广利,张科超,等.基于冲击回波法的预应力管道压浆密实性检测[J].物探与化探,2019,43(04):919-924.

[33] 徐宏武,唐文洋,刘大昌,等.基于冲击回波等效厚度法的预应力管道压浆密实度无损检测技术研究[J].公路交通技术,2017,33(04):43-47.

[34] 周先雁,栾健,王智丰.桥梁箱梁孔道灌浆质量检测中冲击回波法的应用[J].中南林业科技大学学报,2010,30(10):78-82.

[35] 欧阳伟,张美娜,王连威.铁路桥梁与隧道检测[M].北京:人民交通出版社股份有限公司,2021.

[36] LeCun Yann, Bengio Yoshua, Hinton Geoffrey. Deep learning [J]. Nature, 2015, 521: 436-444.

[37] Deng Jia,Dong Wei,Socher R.,et al. Imagenet:A Large-Scale Hierarchical Image Database//2009 IEEE Conference on Computer Vision and Pattern Recognition[C]. Miami, FL, USA:IEEE,2009:248-255.

[38] 过润秋,李俊峰,林晓春.基于并行遗传算法的红外图像增强及相关技术[J].西安电子

科技大学学报,2004,31(1):6-8.

[39] Chen F. C. ,Jahanshahi M. R.. NB-CNN: Deep Learning-based Crack Detection Using Convolutional Neural Network and Naïve Bayes Data Fusion[J]. IEEE Transactions on Industrial Electronics,2017,65(5):4392-4400.

[40] Zhang Kaige,Zhang Yingtao,Cheng H. D.. Self-Supervised Structure Learning for Crack Detection Based on Cycle-Consistent Generative Adversarial Networks[J]. Journal of Computing in Civil Engineering,2020,34(3):04020004-1-04020004-14.

[41] Mcculloch W. S., Pitts W.. A logical Calculus of the Ideas Immanent in Nervous Activity[J]. The Bulletin of Mathematical Biophysics,1943,5(4):115-133.

[42] 鲍跃全,李惠.人工智能时代的土木工程[J].土木工程学报,2019,52(5):1-11.

[43] Li Shengyuan,Zhao Xuefeng. Image-Based Concrete Crack Detection Using Convolutional Neural Network and Exhaustive Search Technique[J]. Advances in Civil Engineering,2019,2019(8):1-12.

[44] Li Yundong,Zhao Weigang,Zhang Xueyan,et al. A Two-Stage Crack Detection Method for Concrete Bridges Using Convolutional Neural Networks[J]. IEICE Transactions on Information and Systems,2018,101(12):3249-3252.

[45] 勾红叶,杨彪,华辉,等.桥梁信息化及智能桥梁2019年度研究进展[J].土木与环境工程学报(中英文),2020,42(05):14-27.

[46] 蒋永林,胡德贵,夏红文.数字技术与土木工程信息化[M].北京:人民交通出版社股份有限公司,2021.

[47] Zhonghua Li,Jiaye Wu. A Classification Prediction based on RFE-GA-SVM for Concrete Duct Grouting Quality[J]. International Core Journal of Engineering,2021,7(8).

[48] Rong Guo,Zhichao Zhen,Shaowei Zhao,et al. Effects of Grouting Defects in a Duct on the Bonding of Prestressing Strands[J]. KSCE Journal of Civil Engineering,2020,24(12).

[49] Wen Qing Wu,Shuai Chen,Xue Yuan Ma. Investigation on Duct Grouting Quality of PC Continuous Box Girders[J]. Applied Mechanics and Materials,2011,1447(94-96).